文玩收藏鉴赏

翡翠直播营销攻略

《翡翠直播营销攻略》编委会 编

陈 珊 徐 斌 主编

瑞丽学玉院 潘林虎 参编

云南出版集团

YNKJ 云南科技出版社

·昆明·

图书在版编目（CIP）数据

翡翠直播营销攻略/《翡翠直播营销攻略》编委会
编 . —— 昆明 : 云南科技出版社 , 2020.12
ISBN 978-7-5587-3054-2

Ⅰ . ①翡… Ⅱ . ①翡… Ⅲ . ①翡翠—网络营销 Ⅳ .
① F768.7

中国版本图书馆 CIP 数据核字 (2020) 第 235057 号

翡翠直播营销攻略

《翡翠直播营销攻略》编委会　编

责任编辑：唐坤红　洪丽春
助理编辑：曾　芫　张　朝
责任校对：张舒园
责任印制：蒋丽芬

书　　号：ISBN 978-7-5587-3054-2
印　　刷：云南金伦云印实业股份有限公司
开　　本：787mm×1092mm　1/16
印　　张：12.75
字　　数：295 千字
版　　次：2020 年 12 月第 1 版
印　　次：2020 年 12 月第 1 次印刷
定　　价：58.00 元

出版发行：云南出版集团公司　云南科技出版社
地　　址：昆明市环城西路 609 号
网　　址：http://www.ynkjph.com/
电　　话：0871-64190889

目录

目录

第六章 翡翠基础知识

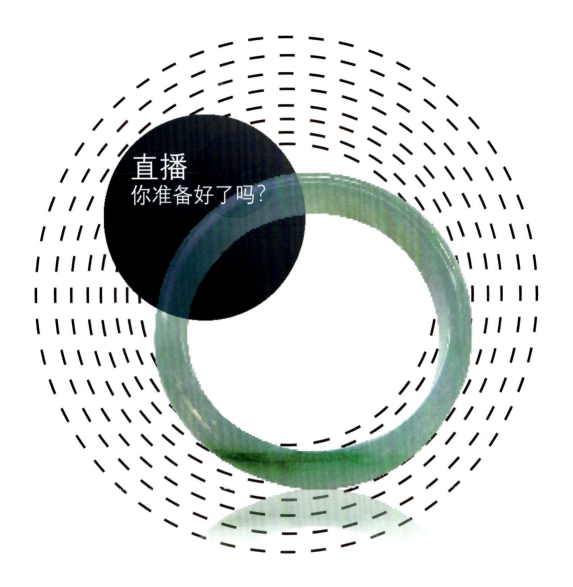

直播
你准备好了吗？

一部手机、一位主播、一款产品、
一张桌子就是一场翡翠产品的交易现场

——翡翠直播

第一章 翡翠直播营销学

翡翠直播营销的优势

● 直播的便利条件——智能化通信

直播是随时代潮流应运而生的产物，它极大地拉近了人们交流的距离，不论国籍、民族，男女老少都能在直播中找到共同点进行交流。而对于翡翠市场来说，翡翠本身就充满了许多神秘点，翡翠知识、市场内幕、行业动向……都是人们非常渴求的，这些刚好为直播进入翡翠市场创造了十分便利的条件。

● 粉丝经济，通过大量吸粉实现翡翠货品的销售提升

翡翠直播通过在线拍摄与播出的方式，让观者有身临其境的感觉。原来人们只知道翡翠玉石的绚丽与璀璨，但对其背后的开采、加工、销售等事知之甚少，当看到直接来自原材料销售、加工、批发市场的视频画面，吸引了许多人的眼球，得到众多关注。而这些人中有一部分会自然而然成为这个直播间的固定粉丝，同时也是潜在的消费用户。参与的粉丝人数多，总会有人想要购买，再加上直播间的特殊氛围，一旦有人消费，人们难免产生从众心理，使购买者逐渐增多。随着粉丝数量不断增加，翡翠直播间的销售量也不断得到提升。

● 直播省去了翡翠营销的中间环节，成本大大降低

目前，翡翠直播主要集中在国内的几个翡翠加工批发集散地，使消费者可以直接面对翡翠的加工经营者，看到第一手货源，省去了中间的零售环节。加之直播只是翡翠的营销手段，中间并没有资金与货品的积压，其运营成本相比传统店面销售模式大大降低。

● 货品报价相对较实在

在传统的翡翠店铺经营中，有时会出现这样的情况，货主根据顾客对翡翠认知的多少进行报价，对于不了解翡翠的顾客，往往会报得高一些，再通过讨价还价促使成交。而在翡翠直播过程中，主播一方面要面对广大粉丝，另一方面要面对货主，一件货品展示、讲解、报价的时间是有限的，货主如果报价太高，粉丝没有响应，主播可能马上会换另一件货品。在这样的销售方式下，货主往往会慎重考虑货品的报价高低。同时，主播为提高销售率，也会适当地压价，以促成销售，因此，在直播中翡翠的报价往往要低一些。

● 翡翠直播从业门槛低、成本低，适合年轻人创业

翡翠直播只要能够开通直播号，能在手机上进行直播操作与翡翠货品解说即可进行。而手机操作迎合当今年轻人的生活习惯，没有太多前期投入，也不存在囤积货品、资金积压的问题。这样易于操作、准入门槛低、成本又低的创业方式自然会吸引众多年轻人的参与。

● 察看翡翠货品比微商更加直观、真实感强，货品解说也更充分细致

比起微商只能看照片或小视频，在直播过程中可以通过视频观察翡翠货品，可远可近、可上可下、可前可后、可左可右，观察较为仔细，容易看清翡翠货品特征，也更加具备真实感。在直播中，主播还可以根据翡翠货品的特色，从颜色、质地、种水、文化、工艺、适合人群等方面进行介绍与解释，让消费者更容易理解和认识翡翠货品。

● 消费者可以有自我判断余地

直播过程中，消费者可以根据主播的介绍与解释结合货品展示进行自我判断，还可以通过与主播对话提出具体观察要求，对货品进行深入了解，有更多自主消费的余地。

● 从众心理容易促成交易

在翡翠的直播营销中，主播对每件货品的解说往往只有几分钟，在线观看的人需要通过视频观察和主播讲解判断货品

品质的好坏，当在线人数比较多的时候，可能一款货品还没反应过来就被其他人买走了。在这样的氛围下，人很容易产生从众心理，等到后面的货品出来时每个人都会跃跃欲试，容易促成交易。

很多非专业人士向摊主借货直播，翡翠经营者仅为供货商。

● 为翡翠爱好者提供了学习的平台

翡翠价值的决定因素较多，包括颜色、质地、种水、瑕疵、工艺和文化性表现等，价值的高低往往取决于对翡翠知识的理解程度和兴趣爱好程度，因此想充分了解翡翠，就要经常接触与学习。但很多人由于时间与地点的限制，无法经常到专业机构或相关门店了解、学习。观看翡翠直播可以学习到许多翡翠知识，解开自己心中对翡翠的迷惑，是一件事半功倍的事情。

● 翡翠直播给终端翡翠零售商带来了供货便利

随着翡翠价格的不断上涨，翡翠零售商不再大量囤积翡翠货品，而是转为根据顾客需求找货，翡翠直播则为零售商找货提供了很大的便利。零售商可以根据顾客需求在直播间寻找需要的货品，同时随着直播的逐步规范化，让消费者有了无理由退货的时间期限，零售商便可通过直播"借货"形式，先让顾客看到货品，如果满意就成交，不满意就退货。这样的找货方式既不用愁没有货源，又省钱省力，为终端零售商解决了一大难题。

总体而言，翡翠直播经营利用现代传媒工具作为营销手段，让消费者可以直接深入翡翠加工、贸易第一线，直观观察翡翠货品从原石、半成品，一直到成品的全过程，既可以学习了解，又可以购物消费，在短时间内成为当下翡翠新零售的重要推行方式，引领新一轮的行业发展。

翡翠直播者则不存在囤积货品、资金积压等问题，易于操作，准入门槛低。

淘宝直播

淘宝是当下大多数人手机上必备的一个购物软件，而直播带货的发源地就是定位于"消费类直播"的淘宝直播。受直播的影响，买家和商家的交易模式在淘宝这个平台上发生了转变，用户可以"边看边买"，所以淘宝直播的覆盖面更广，玩法更新颖。淘宝直播一直是一个具有很大流量的平台，如果你想要在直播中推荐自己好产品，同时带动产品销售量，相比其他直播平台，淘宝直播无疑是一个更好的选择。站在实力、稳定

翡翠直播营销学

和后期潜力的维度，目前还很难找到可以和淘宝直播相媲美的平台。再说，直播的目的就是带动产品销量获得变现机会。淘宝软件，使用人数众多，是人们进行网上购物的首选平台。

抖音直播

　　提起抖音我们想到最多的是生活各方面的短视频分享，同时抖音算是直播领域较晚涉足卖货的软件，对于直播带货来说，抖音在数据、运营方面还需要摸索。抖音一直以来就将用户定位为都市时尚的年轻人，用户对象比较固定。由于抖音采取的是推荐算法，且主要通过短视频来带货，相较于其他直播平台，在带货量、粉丝量方面还需要培养积累。

快手直播

　　快手从一开始靠的就是"打赏+直播"两条腿走路的模式，而在直播带货方面起步比淘宝直播晚一些，但也是直播带货模式靠前的平台之一，且区别于抖音的短视频带货，快手带货的主流是直播，而且喜欢强调"自家工厂"。不过快手直播带货大部分走的都是垂直路线，如果想要去快手进行卖货的话，恐怕还得先从培养粉丝量做起，快速地积累粉丝后，才能开始带货变现。

直播需要的设备 / 配置

● 网络（网速、下载和上传）

网络也称宽带，直播想要画面流畅更清晰，不管是电脑还是手机都必须要有更快的网络，这样观众才更愿意在直播间多看你一眼（下载就是下载文件的网络速度，上传就是把你直播的画面上传到直播平台）。一般来说最好选择有线网络，挑选所在地区运营商网速快的安装，如中国电信、中国联通，各地区信号有强有弱，可自行挑选。随着互联网时代的发展，只要是有线网络，下载速度可以完全达标，但是上传速度就非常关键，所以就需要根据自己直播的情况来选择相对应的网络速度。

● 电脑

淘宝直播的观看人数通常非常多，所以对电脑处理器的要求会非常高，选择I5以上的处理器，能帮助避免在直播的过程出现经常卡停的情况。一台性能良好的电脑是网络直播的必需装备，可以运行很多软件窗口的同时，还要保障有良好的流畅度，熟悉电脑操作，建议选择I3以上的处理器，否则建议I5以上，8G以上的内存，一块固态硬盘，这些是保障。主板要有丰富的接口，可以连接各种声卡。虽然很多人说自己在淘宝直播基本是用两部手机交替使用，一部用来直播，另外一部用来查看粉丝留言，方便及时互动，但这些并不能说明好的电脑不是标配，当你在进行数据分析和安排直播场景时都需要用到电脑。

● 手机

可能部分新手主播会选择使用手机，毕竟手机直播方便，随时随地拿出来就可以现场直播。现在的手机基本上一分钱一分货，直播手机建议价位3000元以上的高配手机至少1部，前置摄像头对于直播来说比较重要，所以在挑选手机的时候需要重点看下前置摄像头的配置情况，有条件的安卓、苹果都要配备。

● 摄像头

淘宝直播摄像头要清晰，这是最基本的一个配置条件，没有清晰的画面相信谁都没有继续了解下去的兴趣。

摄像头早已不是最开始满足摄像的功能，现在的摄像头如同美颜相机一样，都具有美颜功能，还能够进行一对一的精心调

翡翠直播营销学

试、优化，让主播在视频中看起来状态更佳。最好要选择满足自带美颜、瘦脸、瘦身、嫩肤等等一些附加效果的摄像头，往往大众都是喜欢完美的主播形象。如果条件允许，也可以采用极为专业或相对"土豪"的摄像设备。

（1）摄像头品牌的挑选：一般来说有两种选择，红外线的和高清的摄像头，我们看看那些视频效果很好的主播，不管是用红外线的还是用高清的摄像头，效果都很好。国内大多数平台的主播设备使用红外线摄像头的比较多。如今，档次稍高的视频直播间使用的都是高清摄像头。

（2）摄像头的主要参数：fps，当fps不低于30时，通常就可以保证流畅，不会出现卡顿。可视角一般70°以上，分辨率基本都到了1920×1080，而像素从之前的30W像素到现在的千万像素，质量确实提高很多，高像素摄像头对宽带也有很高的要求。

● 电容麦克风

根据一些主播的经验，手机自带的耳机线无法满足专业直播的需求，而普通的电脑语音麦克风也并不适合做直播用途，因为网络主播上麦后，麦克风对主播是作用非常大的。普通的电脑语音麦克风(非原装耳机)音质一般，而且可能会产生延迟，拾音范围、灵敏度、音质都不一定好，一次精心准备的直播就有可能被设备所影响，所以在此建议，要选择相对专业的电容麦克风。通常，电容麦克风大多1000元起步，淘宝带货主播一般使用2000元左右的麦克风设备就足够了。

● 声卡

一般的电脑上的电容麦克风是推不动的，这时还需要另外配置一个独立的声卡。声卡需要和麦克风搭配使用，最好是有专业人士来指导搭配。

（1）传统电脑板载声卡：适用于录歌、录音。板载声卡的价格一般500元起步，按照自己的配置需求来选择即可。

（2）功能性外置声卡：这是目前的主流声卡，主要适用于网络直播等。随着手机直播的流行，越来越多外置声卡都支持电脑、手机

通用。这类声卡主要有三大功能，即支持伴奏、特效声(变声、鼓掌喝彩等)、音质加强。专业录音声卡一般是1000元起步。

● 监听耳麦

长时间的直播除了腰酸背痛，还有长时间戴耳机导致耳甲腔受挤压而使人感到难受。因此选择一款好耳机是很有必要的，比如头戴式、耳塞式、长线、短线、无线、高音质耳机等。监听耳机一般都优于常规耳机，通过分频结构设计，达到声音的均衡，且功能简单，没有音量调节按钮和麦克风功能，专用于直播时的监听。在长时间直播或者录歌使用入耳式监听耳机时，音量不宜太大，否则长时间使用会影响听力。主播监听耳机建议配置2~3m长的耳机线，否则施展舞蹈等才艺活动时容易受到空间限制。

● 手机转换器

手机转换器是把电脑的音频信号传输到手机上时使用的，一般有3.5mm模拟接口、有损转换的、有充电口开启OTG模式无损转换等，需要根据自己的电脑手机配置进行选择。

● 话放、耳放

话放，通常一般的外置声卡和部分内置声卡都配有集成话放，作用是为电容麦供电以及对麦克风输入到adda的音频信号进行滤波和细节提升。这一元素基本上是目前很多外置入门级专业声卡的核心竞争点。

耳放，耳机放大器，顾名思义，就是针对声卡输出到耳机上的信号进行放大的元素，这一点，针对很多做混录的主播来说显得尤为重要，声卡耳放素质如何，会直接表现在你的作品好坏上。熟悉耳机的朋友知道，耳机有一个比较重要的参数，是决定你的手机或者前端能否很好的推出素质的体现，这个参数就是阻抗。一般入门级的音频接口可以推动60欧以内的耳机，部分做得比较好的可以推到80欧。阻抗越高，耳机所能展现的动态越大，同时，信号噪音也会相对减小。对于做后期的朋友来说，这一点显得尤为重要。

所以说放大信号、降噪限幅是必不可少的装备，但非必需，请根据自己情况进行选择配置。

● 补光灯设备

灯光设备有很多种，比如摄影灯、环形灯等。常用的灯光组合适用于大型淘宝店铺，灯光器材比较多，位置摆放也有讲究，比如柔光灯、无影灯、美颜灯等。

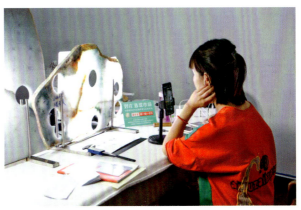

● 声学装修

有条件的主播可以考虑采用声学装修，好的设备有时并不足以保证直播音质，有一个好的声学环境也非常重要。一般直播，可以考虑粘贴墙面吸引板、窗户隔音即可，这样的墙面能大大减少声音反射，也能更大程度减少对周围环境的干扰。

直播设备选购经验

● "直播装备全套"

一般包含麦克风、声卡、监听耳麦三样设备，建议不要买三无产品和杂牌山寨产品。

手机直播设备相对比较简单，主播需要高清高配置的手机1台(推荐苹果手机)、普通手机1台(播放伴奏)、麦克风1枚和声卡1张。

很多新手主播都遇到过这种情况：买了声卡之后发现是录歌版声卡，无法连接伴奏手机，所以只能退回去重新购买。

现在支持手机直播的声卡一般有4个接口，分别接2台手机+1个麦克风+1个耳机。一台手机用于直播，另一台手机用于播放背景音乐或特效声音，而录歌的声卡会少一个伴奏手机连接口。

建议手机主播们根据自身需求合理选择装备，主要是麦克风、声卡以及配套的各种配置。

● 直播背景幕布

目前不建议大家直接购买直播背景布，主要因为各种2D、3D幕布打印质量不高，离远了不合适，离近了真实度下降，整个画面构图不好看，而且对墙壁和张贴工艺要求很多，如果有起伏会看得比较明显。

如今，大多数观众更偏向看到较为真实的场景，起码不要是"5毛钱"效果的背景，所以不建议购买效果不佳的直播背景布。

● 手机直播、网络直播带宽需要的上传速度

直播需要保证充足的带宽，建议在800K以上，换算成速度是100KB/s，当然，直播流

畅程度还与网络环境、直播平台、高清程度和手机配置等有关。直播的流畅与否30%是由带宽决定的，而50%是由主播的网络环境所决定，另外10%是由主播的直播平台及高清程度决定的，剩下10%是由譬如手机配置等其他因素决定的。

这其中最重要的是网络环境，大家重点排查路由器，建议在直播前重启一下路由器，关闭局域网内闲置的设备或者手机。宽带通常是够用的，所以，各位主播也不必太过担心。

> 【温馨提示】多在实践中摸索积累经验，才能让直播一路畅通。如果独享20M以上宽带还经常掉线、卡顿，那就可以找相关工作人员上门诊断了，这时专业人员会检测诊断光猫和路由器等设备，帮主播搞定网络问题。

● 声卡是手机直播的标配

手机直播时，需要打开直播软件和播放器软件，大多数手机是无法同时打开这两种软件的，所以要独立声卡来帮助解决这个问题。这是电脑直播和手机直播在硬件设备上最大的区别。

没有声卡的后果，就是无伴奏、无特效声音，直播间整体显得很沉闷；有了直播声卡，对直播间的人气加成肯定大大提升，人气效果能够得到明显提升。而且声卡还可以提供丰富的伴奏和特效声音，活跃整个直播间的气氛。配上声卡，很明显能够提高直播间的人气活跃度。

主播综合素质要求

● 形象气质佳

一个形象比较好的主播，通常来说人气也是相对比较高的，但这也不是说主播颜值差点就不行，其实主播形象的好坏，和主播会不会包装自己有很大关系。

● 良好的沟通能力

主播技巧，也就是口才，口才很好的，能够把自己的意思清晰地传达给客户，有效地调动现场气氛，从正面影响他人（这个是比较深的层次的）。有条件的主播，还可以去相关培训机构参加一些演讲技巧方面的培训。一个自信的、能够影响他人的主播，人气想不高都难。

● 较强的应变能力

其实主播都会经历直播间粉丝的很多问题，比如"黑粉"。有的粉丝会说："主播你也就一般般吧。"曾经有主播机智地回复："你好就行啦。"再比如，很多粉丝要求主播换宝贝来进行展示。这个时候主播需要解释，每天都是有很多产品，需要一个一个来，会每个做讲解，大家可以边看宝贝边听主播的讲解，也可以偶尔"诉诉苦"。

● 学习总结能力

这个在主播直播前会比较重要，一个人拼不拼得过同行，最主要的是他能否在不断地学习过程中，从细节上超越同行。主播们有很多可以进行学习的渠道，比如，可以关注公众号直播；可以上各大视频网站搜索直播课程；可以加入正规的直播微信群，在群里了解到方方面面的信息；可以去相关网站搜索资料；也可以购买一些直播相关的图书等。这些渠道都是可以让主播们一边学习一边借鉴的。

● 行业敏锐度

其实对于这部分内容来说，不管做哪一行，你都应该要具备的。一个人若想在某一领域获得成功，除了有高度的责任心、积极向上的心态，还需要高度的行业敏感度。对于翡翠主播来说，起码应该关注近期翡翠行情。

● 适当的肢体语言

适当的肢体语言有助于更进一步拉近主播和客户间的距离，包括微笑、手势、微表情等等。

● 在线时长

在线时间的长短，直接决定了直播内容的传播数量，简单点说就是认识你的人的数量多少，两个气质差不多的主播：A每天在线两个小时，B每天在线4个小时，一个月下来各自累积的粉丝、收入相比较肯定是A要多一些，这个是毋庸置疑的。

● 要学会包装自己

主播房间的布置，也就是说主播背景的设置也是极为讲究的，一般来说，房间布置要温馨一点，让人感觉很舒服，大家可以参考平台上各大人气主播的房间布置以及摄像头的角度等等。

● 其他

除以上几点之外，一个主播还需要掌握客户以及刷礼物玩家的消费心理，毫不夸张地说，主播就是一个销售类型的岗位，如何把自己给推销出去，让大家认可你的观点，进而有可能认可你这个人，然后给你刷礼物。要知道主播所做的一切，都是以销售为目标的。

主播的定位打造

主播的第一印象是关键

主播需要有较好的亲和力，会互动，会聊天，热情主动地欢迎进入直播间的每一个粉丝，使得新进入直播间的粉丝有被重视的感觉，从而更加支持主播。

主播要有好货

主播的货不光要质量好，价格也要具有一定的优势。品质有保证，货源要稳定。比如粉丝找主播联系购买产品，但主播在直播播出一段时间后发现缺货，那就很麻烦了。

主播要有自我标签

主播的自我标签会让粉丝一有需求就会第一时间想到你。例如做翡翠的主播，除了卖翡翠，你还应该具有该领域的一定专业知识，对翡翠的产地、特点、文化、质量、收藏、保养等都要有自己的见解。懂得粉丝的购买需求、心理想法，并且热情、专业，这就是为什么很多做过翡翠销售的主播人气飞涨的原因。

做直播时需要有耐心

新手主播刚接触直播经验少，需要脚踏实地耐心经营直播。前期直播间流量少是很正常的事情，所以你需要学习更多的语言技巧、控场能力、吸粉技巧等，当粉丝积累多了，直播间流量才有可能增加。

多积累直播专业知识

直播专业知识有很多，包括控场能力、增加粉丝黏性、提升转化等。如果新手主播不了解可以先做个文档或者提字板，直播时可以适当使用。虽然这个方法有时会略显生硬，但是对于新手主播还是很有帮助的。

积极与粉丝互动

尽量回复每一个粉丝的评论。直播的主要目的是卖货，粉丝的提问大多是关于商品，主播要及时做出解答与展示。如果粉丝得不到合理的回复，那么主播在粉丝们心中的形象就会下跌，甚至有的粉丝下次就不会再进入你的直播间了。主播在直播时也要实时引导粉丝关注你，这一点很关键，想要积累粉丝就要注意粉丝的每一个小细节。

直播时间应合理安排

建议每天直播两场，每场直播最好不少于4个小时，晚场可以稍微加长一点，早上7点到12点，下午2点到5点，晚上7点到11点任意选择，对于新手主播来说，避开高峰时段才能产生差异化竞争。

多谈自己的感受　把握话题的进度

主播如果感觉冷场时可以与粉丝分享一些生活趣事，拉近与粉丝之间的距离。在介绍自己的产品时尽量多谈谈自己亲身的感受，毕竟粉丝进入直播间只是通过视觉感官了解产品，粉丝们更想了解使用产品的感受。很多主播直播时忽略自己的感受，但其实这也是一个提高转化的技巧点，如果主播能以专业术语说出自己的感受，就能使直播更具有说服力。

 # 直播过程中主播的禁忌

注意直播（即点开视频那一刻开始）九不准：

①不准衣冠不整；

②不准未化妆出直播视频；

③不准接打电话(急电的话和粉丝打个招呼到镜头外面去接听)；

④不准抽烟；

⑤不准摄像头及视频效果没有调试好就出视镜头；

⑥不准在对消费用户及游客（无论是打字还是语音）进行人身攻击，如果有辱骂你的，你可以用积极的态度去感化他，实在不行就禁言；

⑦不准接受整人后出现"滚刀"行为；

⑧不准坐姿不雅（如侧卧、仰卧、俯卧在床上出视频）。

⑨切记直播时间一定要稳定，不要三天打鱼，两天晒网，如有急事，可在粉丝群提前和粉丝说明，要尊重粉丝，把粉丝当朋友。

● 待机时

要精神饱满、自然微笑、讲解得体、推荐有序；如果顾客进入直播间，第一眼看到主播懒懒散散、东倒西歪，讲解得也是有气无力、漫不经心，自然就会产生"此直播间生意不好，信誉一定不会高"的印象，会让顾客失去购买信心。所以，懒散无序，为商家大忌。

● 接触时

初步接触的印象很重要，主播要始终保持真诚地微笑，无论顾客是何时进入直播间，都能给顾客留下一个好印象。另外，主播要掌握好与顾客接触的分寸，过早过分热情，会使顾客感到有压力，甚至产生赶快离开直播间的想法；过迟过分严肃，会使顾客感到受了冷落，从而产生对商店的服务不满情绪。有时候会遇到这样的情景：顾客刚进入直播间，主播就急火火地问："要点什么？"顾客回答："不要。"主播看着顾客随意的浏览，就是搭不上话。因为顾客的"不要"已经回答穷尽。其实，这种尴尬局面完全是由主播在接触中性子过急、话语过简所造成的。如果换一种方式，等顾客浏览某个商品后，再问："嘉宾今天有时间到直播间里逛逛，这几种款式您比较喜欢哪种？"第一句，以一种似曾相识的口气，舒缓一下彼此陌生的气氛；第二句，把顾客当熟悉珠宝的老主顾看待，既尊重又恭维，顾客心中舒坦，说不定就会慷慨解囊。

● 展示时

主播的动作要轻盈高雅、准确敏捷、轻拿轻放、格外珍惜，在柔和的光线下显示翡翠的格外贵重；如果主播的动作，拖拉笨重、丢三落四、东一榔头西一棒子，给顾客的感觉就像卖大路菜，丝毫显示不出翡翠珠宝的珍贵。翡翠美的展示，首先还是主播肢体美的展示。

● 揣摩时

主播揣摩顾客的购买心理，虽不可能体察入微，百分之百的准确，但要尽量仔细，做到大体差不离。例如：同时有两位顾客进直播间，甲顾客想买一只水色一般、价位在两三百元的翡翠手镯送给农村老人；乙顾客想买一只质好色佳，价位在万元的翡翠饰品送爱人。如果主播不仔细品味他们的提问，揣摩其心理，就急急忙忙地向甲顾客推荐高档饰品，向乙顾客推荐一般手镯，结果有可能两个都会放弃购买。

翡翠直播营销学

13

第二章

淘宝直播专业知识

淘宝直播的分类和开通

  随着淘宝直播热度不断增加，越来越多的人都想申请加入淘宝直播，很多人都很关心怎样才能加入淘宝直播。

  【温馨提示】淘宝直播申请开通没有绿色通道且不存在任何收费行为，大家按规范要求提交开通申请即可！

  因申请条件的差异和直播面对的受众不同，淘宝直播可以分为五类：淘宝个人直播、淘宝达人直播、淘宝店铺直播、天猫直播、淘宝全球购直播。

  刚入直播行业的新手可以根据自身的情况选择适合自己的直播方式。

淘宝个人直播

  如果你只是想要做一名主播，又是一名新人，没有其他平台的粉丝基础，最好多了解一下淘宝直播。若你在其他平台有一定的粉丝基础，活粉数值比较高的话，那你可以尝试着在淘宝做个人主播，将你在其他平台的粉丝引流到淘宝直播上，有利于你在淘宝直播平台作为新人主播时能更快地开通浮现权。要特别注意的是，只要是淘宝会员都是可以申请成为淘宝直播主播的，并不是只有淘宝卖家才能够做淘宝直播。

【温馨提示】什么是浮现权？直白地说，如果你有淘宝直播浮现权，那么，官方会给你更多的流量扶持，但不是所有的个人或者店铺都能开通浮现权，官方对你的粉丝运营能力有一定的要求。所以主播一定要学会控场，直播浮现权与你直播成交人数及直播粉丝互动有很大的关系。

淘宝达人直播

首先淘宝达人的直播就是一种内容运营方法，因此需要绑定支付宝实名认证了的账号，才能注册成为达人。达人前期一定要不断升级，以此获得更多权限，并且还要做到会控场和互动，口齿也要伶俐等。

淘宝达人主播跟新手主播有很大的差别，他们往往已经在此行业积累了一定数量的人气，所以商家也会找他们来合作，而且每一个达人都拥有自己特别擅长的方面。

淘宝直播达人申请基本要求：

1.个人

有淘宝账号——淘宝账号需要绑定支付宝并且实名。开通淘宝达人号，一个身份证号，只能注册一个达人号。

注意:淘宝达人只能以个人身份开通，如果你的身份是卖家，可能无法开通淘宝达人。首次淘宝达人直播必须要直播2小时以上才可以哦，前期一定要不断升级。

2.企业

企业必须完成支付宝企业实名认证，而且，一个营业执照只允许一个淘宝账号入驻。

进入达人平台进行淘宝达人入驻申请——监测账号——填写信息——开通达人——认证大V——成为大V——发布视频——点击申请开通淘宝直播。

淘宝店铺直播

淘宝店铺直播比较适合一些中小卖家，而且店铺需要符合直播的准入条件和类目的账号才能够申请参加，如果账号符合这些条件，就意味着这是一家比较有实力的店铺，就可以申请开通淘宝店铺直播。但是想要把直播做好，还得注意选择直播内容。

商家（除珠宝类目）除以上要求之外，还需满足：

（1）DSR≥4.6；

（2）店铺信用等级在一钻及以上；

（3）本自然年度内不存在出售假冒商品违规的行为；

（4）本自然年度内未因发布违禁信息或假冒材质成分的严重违规行为扣分满6分及以上；

（5）主营类目在线商品数≥5，且近30天店铺销量≥3，且近90天店铺成交金额≥1000元；

（6）近30天退款率不高于行业平均水平。

珠宝类商家除以上要求之外，还需满足：近30天内店铺品质退款率不超过店铺所在主营类目的品质退款率均值。这个门槛要求其实并不高，店铺运营正常的都能开通。

申请渠道：请下载手机淘宝或淘宝主播APP——→登陆自己的店铺账号——→确认资质——→权限开通。

天猫直播

如果各位的微淘粉丝数量特别高的话，不妨去试着申请天猫直播，因为它是自带浮现权的，跟其他的直播平台相比有所差异。目前在天猫直播平台中，只要是天猫旗舰店商家即可申请开通直播权限，天猫旗舰店商家自行创建直播间就可以开始直播。

天猫直播开通要求须符合天猫营销活动规则；除此以外，天猫和集市的珠宝类目，还需符合：

（1）近30天品质原因退款率及笔数的基础要求：品质原因退款率行业倍比不大于3，近30天品质原因退款笔数不大于1笔。

（2）近30天店铺纠纷退款的要求：近30天纠纷退款笔数小于3笔，近30天纠纷退款率行业倍比不超过5倍。

一般情况下店铺基础粉丝数量需要达到4万以上才有开通直播的权限。如果商家准备开通天猫直播，平时应注意增强互动，增强粉丝黏性，避免运营期间店铺掉粉，因数量不达标而开通失败。

申请渠道：下载手机淘宝或淘宝主播APP——→登陆自己的店铺账号——→确认资质——→权限开通。

淘宝直播专业知识

淘宝全球购直播

淘宝全球购直播适合有海外资源，想做代购直播的主播，需要有淘宝店铺。同时主播要有签证护照。全球购直播的申请条件对产品、店铺要求很高，如果店铺出现售假为行的话直播权限是开通不了的，要等一到两年。

淘宝全球购直播和普通店铺的申请入驻区别：两个都是属于店铺直播，申请条件都是一样的，只不过全球购直播多了一个买手资质的考核。

淘宝全球购直播申请条件：

（1）申请的前提一定要先通过淘宝直播才能够申请；

（2）全球购直播目前针对代购的商家，要开通全球买手直播，要有淘宝店铺，其次要注意代购的产品是否是正品的问题，否则非常容易导致售假，如果有售假，店铺就与直播无缘了；

（3）买手入驻的资质考核，必须有护照，同时要填写自己在哪个国家进行代购，需填写该国家的地址进行验证。特别说明：淘宝全球购直播有美国馆、韩国馆、日本馆、东南亚馆等，买手入驻直播后，根据店铺的产品跟直播地址入驻不同的馆内，申请时不会受到所填写地址的限制。

申请渠道：进入卖家版服务中心，搜索"全球购服务条款"，在结果页列表就会出现报名入口，按照提示进行申请即可。

淘宝直播新手操作攻略

1 当你成功注册并开通了淘宝直播功能后，如何才能让别人看到你的直播呢？这就涉及直播权限的问题。

直播权限申请渠道

1. 权限的定义

直播发布权限：淘宝直播的基础权限，开通后可使用淘宝直播进行直播，并可在微淘或自有淘宝集市店铺首页/天猫店铺首页展示。

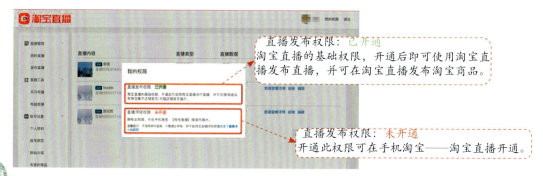

直播发布权限：已开通
淘宝直播的基础权限，开通后即可使用淘宝直播发布直播，并可在淘宝直播发布淘宝商品。

直播发布权限：未开通
开通此权限可在手机淘宝——淘宝直播开通。

2. 申请渠道

路径一：手机扫描入驻二维码。

路径二：手淘搜索"直播入驻"或者"淘宝直播入驻"。

路径三：手机淘宝—淘宝直播—最后一帧banner图点击进入。

路径四：下载"淘宝主播"APP，登录账号即可申请。

2

当其他人可以成功观看直播时，作为主播，最关心的问题就变成了如何让观众浏览自己的商品，甚至进入主播自己的店铺逛逛。开通宝宝店就能实现这一重要目的。

开通宝宝店

1. 操作流程

（1）下载最新版淘宝主播APP，确保您的版本号在3.2.0及以上，登录账号进入首页。

（2）主播APP首页，开播模块下方有一个"引导开店"卡片，点击后即可进入开店流程。进入开店流程后会先经过实名认证，确保您的账号完成了支付宝实名认证以及开店乃本人意愿。实名认证结束后，设置您的店铺名称，勾选开店相关协议，点击完成则开店成功。

（3）开店成功后可以进入工作台查看店铺信息，或是直接发布商品。

2. 如何判断宝宝店开通是否成功

（1）淘宝上点击"千牛卖家中心"——"查看店铺"跳转淘宝网首页。
（2）打开"淘宝主播APP"——首页"直播小店"——显示有"小店管理"。
（3）点击直播间头像——"进店逛逛"——跳转主播个人主页。

3. 主播专属宝宝店的常见问题

❓直播小店开通后，如何退出？

目前主播暂不支持自行操作退出，但自入驻起满30天后（注意期间不要操作发布，上下架、售卖商品等，否则将重新倒计时30天哦），该店铺会自动释放；若期满退出宝宝店，不会影响您的直播权限。

❓宝宝店开通了，是否支持同时开普通的淘宝店铺？

暂不支持，但是直播小店后续会慢慢演化成一个正常的淘宝店，具体周期尚无法确定。

❓宝宝店如何运营？怎么参加活动？

宝宝店目前能力上正在逐步完善中，暂时还没法对齐C店，它的核心能力定位在"让主播尽快把线下的货搬到线上来销售"，所以暂时还没有像C店一样的运营和操作能力哦，活动上，暂时还没有专门针对"直播小店"的活动的，但会逐步从直播间规划活动，比如直播已有的"主播排位赛"之类，建议您持续关注。

20

①使用淘宝直播APP开播,在开播界面点击商品发布入口;②此时系统会自动抓取摄像头画面作为商品的主图,因此主播需要在点击发布入口时对准需要上传的宝贝,随后输入宝贝名称、宝贝描述、宝贝类目、价格和库存信息等;③系统会为宝贝名称、宝贝描述等信息按一定规则生成文本,主播可以选择删除或修改;第一次发布某款宝贝时需输入宝贝描述、宝贝类目、价格和库存,随后该场直播每次进入该发布界面都会自动读取上次输入的信息,主播无须反复输入;④必备字段信息输入完毕后就可以点击发布啦!系统校验发布成功后,该宝贝就会自动出现在宝贝口袋以及店铺内。需注意的是目前支持发布的商品类目仅包含以下19个,如想要发布的商品不在以下类目中,则暂时无法发布并在直播间售卖。

直播类目
女装/女士精品
男装
女士内衣/男士内衣/家居服
服饰配件/皮带/帽子/围巾
女鞋
流行男鞋
箱包皮具/热销女包/男包
童鞋/婴儿鞋/亲子鞋
住宅家具
居家布艺
床上用品
家居饰品
特色手工艺
节庆用品/礼品
家庭/个人清洁工具
运动鞋new
运动服/休闲服装
运动包/户外包/配件
闪存卡/U盘/存储/移动硬盘

3　　　一切准备就绪,马上就可以开始直播了。怎样才能让更多的粉丝提前知道你即将开始的直播呢?请试试发布直播预告这个好用的功能吧。

淘宝直播专业知识

发布直播预告

1. 发布预告的目的

直播前先发布直播预告可以清晰描述直播主题和内容，能让用户和粉丝提前了解直播内容，同时也方便直播小编挑选出好的直播内容进行主题包装推广及直播广场浮优操作；上传主播在直播中要分享的商品，当主播开播后，能更好地利用大数据的能力，帮主播的直播内容进行用户匹配，获得更精准的用户流量。

2. 符合要求的预告

预告通过审核会展示在直播首页，还可能出现在直播频道精彩报道。更厉害的是，主播的预告视频还可能出现在手淘首页（前提是主播的预告视频符合手淘首页要求），如果获得展示首页展示机会，主播形象就能在亿万用户面前展示。同时，对应的直播间会默认个性化地展示在频道精选流的第一个。

3. 发布时间

第二天的直播预告至少要在当天的16点前发布，否则将不予审核浮现。

4. 预告的必备因素

（1）中控台发布预告

中控台需要填写的内容项，每一项内容都准确并填写完毕。①封面图：需要两张，尺寸1：750mm×750mm，尺寸2：1120mm×630mm——用于首页，此图建议为浅色纯色背景；②直播标题：10个汉字内（空格，标点符号算半个字符）必须包含具体内容亮点，不要在标题体现利益点和"#"符号。建议一句话形容你的内容亮点（多看看文章标题），目的是第一时间让用户在"茫茫直播"中对你的直播内容感兴趣。推荐有个人风格的内容，杜绝无病呻吟、口水词等。③推荐商品：在预告发布时，提前把所有会讲到的商品在填写预告信息的时候添加好，便于提前获取并在实时直播时命中最有需求的用户。④内容展示位——不强求。注意：目前内容展示位默认是显示"否"，大家记得去勾选"是"，才能出现填写框；⑤预告视频（预告要上手淘首页的话，此项必选）。

预告分为两种要求：如果你的视频符合以下要求，就有机会能进入【淘宝直播频道-预告模块+每日必看】模块：①最好不要有水印（目前对水印没有强求，如果要上首页就绝对不能有）；②尺寸必须为16：9；③画面整洁不凌乱，有重点，不要全是无实际内容的微笑打招呼式内容。

如果希望预告视频在【手淘首页淘宝直播】模块展示，必须符合：①首先需要符合频道——预告模块的视频要求，必须上传2张封面图；②手淘首页视频要求更加严格，需要符合下列所有要求：内容标题+内容简介+两张封面图+主播的预告视频，这四者的风格和人物造型等保持一致。时长20s内，文件大小2M以内，mp4格式，全程不能有字幕、异形等处理，也不要一直挥手say hi！

入选首页是从频道入选的预告中择优，要求封面图和直播间的主播形象都相符（没有落差），画面赏心悦目（主播形象+直播间装扮），且视频内容/创意/展现形式有代表性（不是普通站在镜头前）。

（2）"淘宝直播主播版"APP
①打开淘宝主播APP，在首页位置下拉选择"创建预告"；

②填写信息，发布后预告就会进入审核了；
③建议16∶9封面图为浅色纯色背景，不要包含文字，也不要太花。

淘宝直播专业知识

【温馨提示】①预告视频最好不要有水印（目前对水印没有强求，如果要上首页就绝对不能有）；②尺寸必须为16：9；③画面整洁不凌乱，有重点，不要全是无实际含义的微笑打招呼式的内容。④视频不能添加任何字幕。

希望大家牢记以上几点哦，否则可能导致预告视频会审核不通过。

5. 预告审核最新规则

①有浮现权限的主播可以直接发起直播或者预告，预告免审直接可以展现在直播频道中；②无浮现权限的主播需要继续发布预告审核，也就是说，有浮现主播的审核状态包括以下几种：待审核（无须审核）、去首页、已拒绝（如果发现你直播中有问题，也会拒绝甚至取消权限）无浮现主播的审核状态包括以下几种：待审核、已通过、已拒绝。

特别注意的是，有浮现权的主播请好好珍惜自己的免审权，一旦被发现有封面图及标题或者投稿等违规，主播将被直接拉停并取消权限。但是，有以下两点情况的还是需要提前1天发预告：①有浮现主播：如果想要在手淘首页的视频展现，还是要按照老规矩至少在前一天16点前发布直播预告；②无浮现主播：还是要按照老规矩至少在前一天16点前发布直播预告。总之，最好做到前一天的16点前发布直播预告。

6. 发布直播预告的常见问题

❓ 预告可以发多个吗？

预告可以发布多个！但是目前功能支持发布多个的时候，预告模块只能显示预告时间靠后的那个。

❓ 手淘首页视频区域展现逻辑是怎样的？

根据用户行为个性化匹配，一旦匹配上，就会自动实现该视频点击进去后，对应直播间排在精选流的第一个。

❓ 预告视频审核不通过，主播的直播会受影响吗？

若主播的直播时间快到但是预告还在审核中，主播不用担心，预告视频未审核是不影响主播正常直播的。

❓ 预告一直未审核，是什么缘故？

如果遇到该情况请确认上传视频是否是特殊标签，特殊标签只有接收到邀约的用户才会被审核。故建议主播重新发布直播预告视频，务必选择其他标签。

4

现在所有前期准备工作都完成了，开始直——播——了——

发起直播

1. 发布直播前准备

（1）确保稳定的Wi-Fi或4G网络；

（2）下载或更新到最新版本的手机淘宝主播APP；

（3）手机设定中允许APP试用麦克风；

（4）情况允许的条件下加配补光灯及防抖效果，以保证直播质量达到最佳效果。

2. 直播设备

（1）中控台PC端

首先以主播的账号登录进入PC直播中控台，也就是主播后台，选择直播类型。选择好之后点击进入下一步。

（2）手机发布直播

目前能够支持发布直播的手机机型有ios系统的手机、安卓系统的手机等。

3. 具体操作步骤

● 中控台PC端

① 首先以主播的账号登录进入PC直播中控台，也就是主播后台，选择直播类型选择好之后点击进入下一步。

② 填写直播的必要信息，包含直播开始时间（如果不是现在的时间，就表示要发一条直播预告）、直播标题、本场直播的内容简介（直播内容要求）、直播封面图（直播封面图要求）、直播位置、内容标签，点击进入下一步。所有的直播都建议提前发起预告，前期积累关注量后再开启正式直播。要注意直播预告发布后需要审核。

淘宝直播专业知识

●选择直播时间
●上传直播封面
●选择直播标题
●填写直播简介
●直播标签
●选择推荐商品
●选择直播位置

③必要信息填写好之后，点击下一步，选择重点信息展现方式。

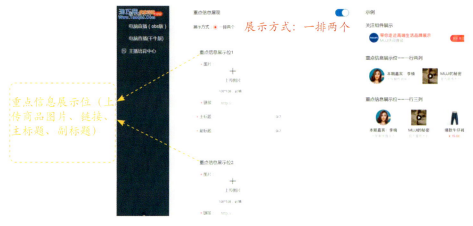

展示方式：一排两个

重点信息展示位（上传商品图片、链接、主标题、副标题）

④信息确认，检查填写的信息是否有误，如果确认无误，点击确认发布，5s后台跳转到直播阶段的后台页面。

⑤在直播准备页面，你可以选择填写一些图文信息来补充说明你的直播，比如几号商品怎么使用、优惠力度等，或者填写今天直播的一些亮点内容。点击右上角的设置，会跳出一个选择界面，在这个界面，你可以选择是通过设备推流还是手机扫码推流；如果是设备推流，则将相应的地址复制到相应的设备上，就可以开启直播；如果是选择手机扫码推流则拿出手机打开手机淘宝进行扫码，然后点击页面上的确认按钮，就可以开启直播。

● 手机端

①下载淘宝主播APP。

②打开淘宝主播APP，在首页点击"手机直播"。

淘宝直播专业知识

③填写直播信息：直播封面图、类型、标题（一个好的标题能让你瞬间吸引观众的注意力）、内容简介、选择频道栏目、直播地点、添加宝贝（这样用户或粉丝就可以边看边买），点击"现在开启直播"，选择是否开启高清模式，然后进入到直播间。

④点击"观看"就能切换成在线状态。在底栏中，你可以点击右下方的"宝贝篮"查看你添加的宝贝，也可以点击"导入"进行添加。调整展示角度、灯光等后，点击"开始直播"正式发起直播。

⑤你也可以点击底栏的"更多"，点击"粉丝推送"启动粉丝推送功能，这样粉丝就能收到你的开播提醒啦，但每天只能推送一次。还可以进行连麦、同步微博。

⑥屏幕向左滑可以查看你创建的直播简介和直播印记。

淘宝直播专业知识

⑦屏幕向右滑可以查看直播实时数据。

查看实时直播数据：观看次数、实时在线人数、平均观看时长、封面点击率、新增粉丝数、进店人数等。

⑧想要结束直播，可以滑回主页，点击右下角的"结束直播"后跳转界面，再次点击"结束直播"即可。如果还想继续直播，点击"继续直播"。

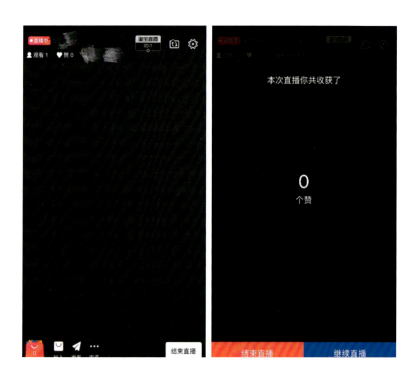

4. 直播时添加宝贝的常见问题

❓直播间如何让宝贝按照顺序展示呢？

若希望直播间添加的宝贝按照顺序展示，请主播在直播开播后添加宝贝则会按照顺序展示；若在发布直播预告时添加的宝贝不一定按顺序展示。

❓直播间宝贝如何设置展示"热"字标？

一般是直播间第一个添加的宝贝且同时满足直播间超过6个宝贝会打"热"字标。

❓直播间展示宝贝的利益点或优惠信息如何设置？

需要在直播开播后，通过中控台添加宝贝，点自定义输入你想设置的利益点、优惠信息即可。请商家注意必须是开播后添加的宝贝，利益点才会展示。

❓淘宝直播宝贝添加错误，如何删除？

目前直播中添加的宝贝无法操作删除，若添加错误，建议主播重新发布直播。

❓为什么淘宝直播无法添加商品或宝贝？

淘宝直播添加的宝贝需符合3个条件：①商品所在店铺DSR三项分数必须全部都≥4.6；②新发布的商品，必须已经至少上线2天以上，如果中间修改了哪怕一个标点符号，也会重新计算往后推2天；③商品符合所选栏目/标签的要求，比如讲鞋靴的栏目，如果主播要投稿，那么主播的直播间只能发鞋靴的宝贝，发化妆品的商品，则不能发布鞋靴的宝贝；具体请参考直播选品规则链接。以上三点都符合，但如仍无法添加则说明此商品综合数不符合要求，请主播以实际后台为准。建议主播可以过几天尝试添加，数据有可能会有提升。

5

主播怎样通过派发优惠券、红包等福利来回馈自己的粉丝？

直播权益投放功能设置

1. 投放前必读

（1）①权益投放：指将优惠券、平台红包、淘金币投放给用户，库存充足的情况下用户百分百可领取；②发奖奖池：适用于权益投放，指专门用于发奖的奖池，支持单种权益，权益中奖概率百分之百；③权益招商：指主播向商家索取具体权益，商家可以提报权益，也可以拒绝；④奖池：指包含权益的池子，内部包含权益，有发奖奖池、开奖奖池和抽奖奖池，目前支持发奖奖池；⑤权益：指优惠券（店、单）、平台红包和淘金币，未来可能扩展更多类型；⑥渠道：指具体场景，例如直播渠道优惠券，指用户只能通过直播场景领取，其他场景无法领取。

（2）基础能力：①权益投放支持平台红包、店铺优惠券、单品优惠券、淘金币在直播间向用户直接发放，用户可在直播间直接领取；②权益投放支持按照主播好礼方式针对直播间粉丝分层投放，例如只对钻粉用户投放，只有钻粉用户可见并领取；③权益投放支持按照主播好礼方式针对直播间用户行为分层次投放，例如针对用户关注后才可以领取；④权益投放支持主播通过招商方式去发放商家的直播渠道券，直播渠道券只能在直播渠道领取。

2.具体操作指南

（1）主播和商家发放权益

①打开直播中控台直播间操控面板存在权益投放操作入口；

②打开权益投放操作面板，支持选择权益和选择用户的领取条件；

③点击"选择权益"打开权益选择面板，如图所示，左侧无权益奖池可选，选择"创建奖池"；

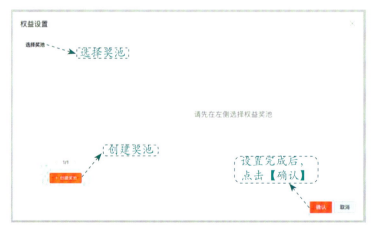

④奖池列表也为空，在奖池创建面板选择"创建奖池"；

⑤打开奖池创建面板，在面板编辑"奖池名称"和查看账号名下权益列表，如果无权益则列表为空，需要创建或招商权益；

⑥打开名下的权益列表，可见优惠券/权益中心/招商权益，此处优惠券为名下优惠券（测试账号为商家账号，主播账号请看下方），平台红包和淘金币位于"权益中心"内，招商来的权益都在"招商权益"中，在此界面选择添加权益到奖池或者去创建对应权益。

a. 优惠券tab "去创建"，将去到商家中心，创建优惠券；

b. 权益中心tab "去创建"，将去到权益中心，可在权益中心创建红包和淘金币，注意非支付宝红包；

c. 招商权益tab "去创建"，将去到招商页面。

⑦在此处将创建好或招商好的权益添加到奖池中，命名奖池，填写奖池权益数量，奖池数量不可大于权益总数数量，生成一个发奖奖池，保存奖池，发奖奖池只支持一个权益；

⑧奖池生成后，返回中控台权益投放，选择奖池，即可见刚创建的奖池，选择对应的奖池；

⑨设置对应的用户身份或者用户行为，二次确认检查奖池，即可投放，即投入到直播间内；

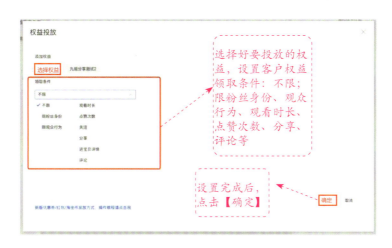

⑩直播间用户即可见权益弹窗，用户点击或完成任务即可领取；

淘宝直播专业知识

（2）权益投放在前台展示
①权益直接投放。

②主播好礼——按身份投放，只有符合的粉丝等级用户可见，其他用户不可见。

③主播好礼——按用户行为投放，弹窗展示任务，收纳到亲密度入口中，打开亲密度可见主播好礼沉淀。

　　（3）主播和商家招商权益
　　①招商入口：
　　a. 中控台左侧导航栏"招商管理"；

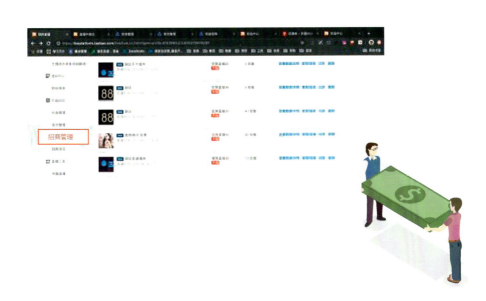

b. 奖池添加奖品中权益招商tab的"去创建"。

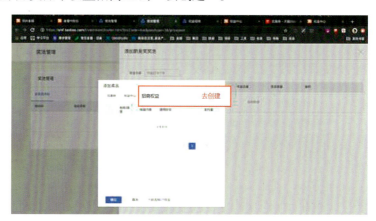

②招商链路：

a. 发起招商；

b. 填写基础的招商信息：招商标题+招商说明+招商有效期+招商对象，招商对象填入招商对象的商家名称，填写后需要"检验店铺"确保招商对象输入正确，选择招商权益内容；

c.招商具体信息填写；

店铺/单品优惠券招商内容信息如下：指定满减面额：是——按照招商要求报名，否——非严格校验，仅限制最低金额和数量、具体满减信息、最小券数量、优惠券有效期。

平台红包招商内容信息如下：指定面额：是——按照招商要求报名，否——非严格校验，仅限制最低金额和数量、具体满减信息、最小券数量、优惠券有效期。严格校验规则要求：商家提供的权益必须与招商的要求完全保持一致，非严格校验则招商要求作为最低要求。

店铺/单品优惠券招商内容信息：
选择是否指定满减面额，确定具体满减信息，设置最小券数量，设置优惠券有效期。

d.招商信息通知：发布招商后，招商对象商家会在中控台和主播APP消息收到主播的招商信息，可打开进行招商权益报名，也可以在中控台左侧导航栏查看自己收到哪些招商信息回复：

接到主播招商信息通知后，点击【查看详情】了解具体招商信息。

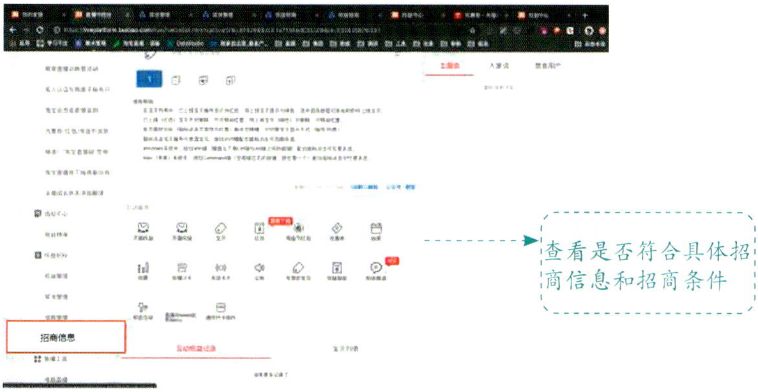

查看是否符合具体招商信息和招商条件

e.招商报名：商家可针对具体招商进行报名，报名后主播需要对招商报名结果进行确认，主播确认完成的招商即认为招商完成，主播将具备使用商家权益的权限，主播可将商家报名的权益加入奖池中，进行投放；

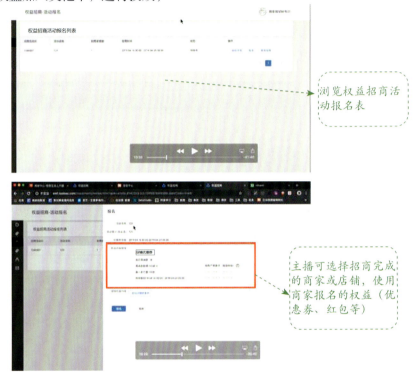

浏览权益招商活动报名表

主播可选择招商完成的商家或店铺，使用商家报名的权益（优惠券、红包等）

f.招商确认：主播可通过中控台左侧导航栏去查看自己的招商结果，并确认招商结果，不满足要求的招商结果的可以打回。确认使用的权益将完成招商，主播在自己的名下权益中即可看到商家权益，主播可自由使用对应权益。

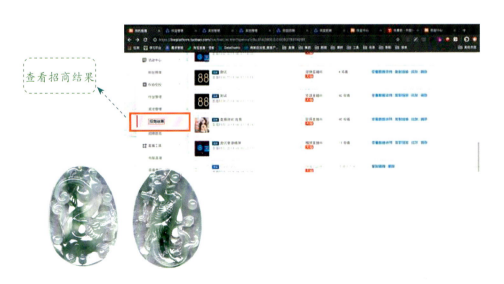

查看招商结果

（4）直播渠道优惠券

相比较之前优惠券，新的权益投放能力支持了"直播渠道优惠券"，目前支持店铺直播渠道优惠券和单品直播渠道优惠券，两者均计入最低价，但平台目前最低价策略已经在调整，采用标价对标价策略，不影响大家大促报名。

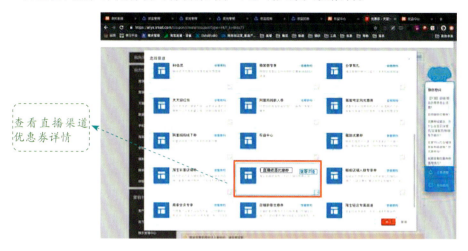

查看直播渠道
优惠券详情

3.主播和商家权益发放的常见问题

？ 商家能否向商家招商？

可以。

？ 私有券是否能通过权益投放发放？

不能，私有券不允许任何途径直接发放，大家可继续通过商品页面装修方式发放。

？ 权益投放是否支持公开券？

支持。

6

主播可以为推荐的宝贝做广告吗？

当然可以，试试"直播看点"功能吧，记得好好介绍宝贝的卖点，很多人都会看到你的推荐的。

直播看点功能设置

1.什么是"直播看点"

（1）对主播

主播在直播时，每次讲解一个宝贝卖点前，需要在中控台上对这个宝贝（宝贝主图里必须要有1张图为白底图）打上"标记看点"按钮，平台会根据主播打标行为，生成"直播看点"内容。该看点还会在淘宝直播频道等公域渠道个性化投放，用户点击后，直接引流直播间。对于主播而言，能够提升宝贝下单成交转化效率。

（2）对消费者

观众可以在观看直播时，根据自己喜好，随时切换到该直播间内指定的宝贝讲解片段，提升观看体验。

2. 在中控台设置"直播看点"功能

（1）打开中控台（目前只有中控台才能使用该功能，主播APP端暂不支持）。

（2）确保已开启直播（正在推流状态）。

（3）每当讲到1个宝贝（须确保这个宝贝有宝贝白底图）的卖点时，则立刻点击"标记看点"按钮，点完后无须再点结束，此时后台已开始记录。

每个宝贝的"直播看点"操作方式均由以上3步组成，同时还须知：

① 标记看点——一旦点击则表示你开始讲解这个宝贝，1个"直播看点"就被标记完成，无须标记结束。

② 回看——回看之前标记的片段，检查打点开始时的内容讲解信息是否和该宝贝信息一致。

③ 取消——一旦点"取消"，则意味着把之前已标记的看点内容删除，建议谨慎操作。

3. 使用"直播看点"的好处

（1）正确使用"直播看点"功能的直播内容，将会被平台推荐到所见即所得模块，会获得更多公域流量曝光。

（2）其他更多公域流量渠道，正在陆续拓展中。(宝贝主图里必须要有1张图为白底图)

（3）正确使用"直播看点"功能的直播内容，在后续任何大型营销活动中，直播间及其售卖的宝贝均有机会"脱颖而出"。

（4）正确使用"直播看点"功能的直播内容，能方便消费者快速查看到自己要购买的宝贝内容，提升直播间成交转化，获得更多收益。

4. 使用"直播看点"注意事项

（1）确保直播间正在直播中状态。

（2）须在中控台操作"直播看点"功能(主播APP端暂不支持)。

（3）确保需要使用"直播看点"功能的宝贝，在宝贝主图里有一张宝贝白底图。

（4）须确保讲解的宝贝卖点内容和正在打"直播看点"标的这个宝贝信息吻合、一致。

7

选择直播过程中的精彩片段进行推广，是一种好的营销手段，那么如何从直播视频中选取自己想要的片段把它剪切下来呢？

直播切片功能设置

1. 什么是淘宝直播切片

顾名思义，淘宝直播切片是将淘宝直播过程中的一些精彩视频片段剪切下来，形成新的片段。比如主播正在讲解一款宝贝，在这个过程中按下开始和结束，便可以自动生成一段新的短视频，这段短视频不仅可以保存下来，还可以发布到各个宣传渠道上，比如微淘等，能够令视频拥有更多曝光与展示的机会。这对商家来说，能够让更多买家了解宝贝的个性与功能，并且大大提升转化率。

2. 直播切片录制的事前准备

（1）选择商品：符合营销新八条，店铺DSR评分4.6分及以上且都是红色维度，宝贝好评率98%。

（2）宝贝封面图：选择宝贝的时候要注意看第一张宝贝图，不出现生僻字，不出现"秒杀"等福利字眼。

（3）直播间装扮：简单明亮干净，和直播间装扮的规范保持一致。

（4）声音：要清楚且没有杂音，可以有适当背景音乐。

（5）切片数量：目前一个直播间最多录制10个宝贝讲解。

3. 淘宝直播内容切片操作方法

（1）录制：更新到最新版本的手机淘宝后，在淘宝直播间的右下角，有一个"宝贝讲解"按钮（与右边的"+"发布宝贝是并列按钮，之前发宝贝的方式没有变化）。找到之后，并且点击进入宝贝选取列表。

（2）选择宝贝：在列表中，找到需要讲解的宝贝点击选择。

（3）讲解：当主播要讲解宝贝时，主播端界面会出现正在讲解中的提示，同样观看直播的粉丝会收到相关提醒。

（4）完成：录制过切片的宝贝会被系统打上标记，并且出现在购物袋中。

（5）点击固定标记，便可以观看切片。

4. 切片视频规范

（1）尺寸：16：9或9：16均可，右上角设置中可选，目前暂不建议使用方形画幅。

（2）时长：10~60s之间。

（3）封面图：选取视频中的一帧画面或更能体现视频内容的图片（系统默认视频第一帧画面为封面图）。

（4）标题：需包含元素，如品牌名、商品名、最显著特征（可选），以上顺序均可调整。

（5）简介：一句话概括商品核心卖点，如优势、亮点、功效等强种草理由。不超过30个字（含标点）。不适用疑问、反问、设问等句式。不适用广告违禁词语，特别注意不适用"最""第一"等词语。重点传达主题、看点，引导用户观看视频。

（6）标签：按照内容选取标签，选取标签的视频更容易精确匹配。

5. 直播切片播放途径

（1）频道内：首页坑位材料，频道内切片主题、聚合h5、焦点图、PUSH等。

（2）发布平台：宝贝详情页、爱逛街、清单、有好货、微淘、猜你喜欢等。

6. 直播切片的常见问题

❓ 只能开播前录制切片吗？直播过程中能否继续录制呢？

是可以的，但直播中的切片质量不高，且无法进行编辑/分段/滤镜等，审核通过率很低。直播前录制切片可以获得外部流量；若是直播间只给粉丝看的话，可以在直播中继续录制。

❓ 可以直播前录制切片视频后，直播中再录制吗？

可以是可以，但之前录制的切片视频会被覆盖。

8

不想有人错过你先前精彩的直播推荐？或是嫌弃自己之前的直播里有不完美的地方？有这样一个功能：可以直播回放视频，回放的内容可以是二次制作过的。

直播回放内容二次制作

（1）进入中控台，点击"我的直播"，选择需要编辑的回放视频。

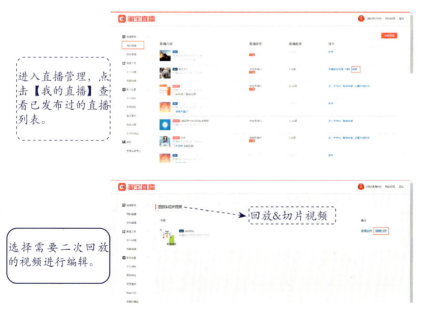

进入直播管理，点击【我的直播】查看已发布过的直播列表。

回放&切片视频

选择需要二次回放的视频进行编辑。

（2）拖拽蓝色部分进行视频切片，按"保存视频"。以后其他人看到的视频也会是你编辑过的版本。

切片选取完成后，点击【保存回放】完成回放片段编辑

（3）你也可以查看回放，或者按"恢复"恢复到原来未编辑的状态。

【查看回放】【恢复】

淘宝直播常见故障问题及解决建议

无论是个人、达人还是淘宝卖家进行淘宝直播，都是需要通过平台进行的。有时可能会因为平台、软件或是网络等一些问题导致主播在直播过程中出现了一些问题，如黑屏、没有声音、直播延时/中断等，接下来说说淘宝直播存在的常见问题以及解决建议。

1. 显示问题

（1）直播中画面一直在闪：用的是摄像头电脑推流，建议重启程序，检查网络稳定性。

（2）黑屏、画面卡、画面不清晰：建议重启程序，检查网络稳定性。

（3）声音卡、无声音：建议检查麦克风和拍摄设备。

（4）画面饱和度低：建议检查拍摄设备。

2. 数据、流量异常

（1）卡顿严重，除粉丝回访以外没有任何流量，建议重启程序，检查网络稳定性。

（2）流量起伏大建议重启程序，检查网络稳定性。

3. 播放

（1）画面语音不同步：建议重启程序，检查网络稳定性。

（2）直播间延时建议：重启程序，检查网络稳定性。

（3）直播突然中断：建议首先用主播账号登录淘宝直播APP查看消息，里面有处罚原因及处罚期限。

4. 功能

（1）直播APP不能开镜像：检查APP是否更新。

（2）ios和Android都开启美颜效果后，Android的虚化可以看到很明显，人眼睛和手处都可以看到虚化的纹理：建议检查拍摄设备。

5. 连麦

（1）在倒数时间挂断了，但是连麦仍然连接了：建议关闭程序。

（2）主播和主播连麦，但是用户看不到连麦，还是只能看到单独一个主播：建议重启程序，检查网络稳定性。

（3）粉丝端发起连麦请求,主播端没有收到任何提示消息（至少主播没看见或者不知道怎么看是否有粉丝请求连麦）：建议重启程序，检查网络稳定性。

如果主播在进行淘宝直播时遇到非上述的故障问题，可以进入"淘宝直播APP"——"我的"——"设置"，找到"舆情反馈"，将自己遇到的故障问题填写提交，可以将问题截图一并提交，等待解决。

第三章

抖音直播专业知识

抖音直播操作攻略

1　　下载抖音APP，并成功注册账户。前期可对账号进行一段时间的运营，账号流量和粉丝量的积累能为后期的直播营销奠定基础。有了账号基础，那就赶紧开一间抖音小店吧！

抖音店铺的开通

以开通珠宝玉石类抖音小店为例：

【开店步骤】

（1）申请小店

等待审核——审核通过——打款验证——签署小店协议——缴纳保证金——开通在线支付——创建商品。

（2）提供经营资质

名称——小店名称——小店ID——国家企业信用信息公示报告——开播前信息收集（等待通知绑定抖音号）。

（3）渠道管理

绑定抖音账号。

（4）添加商品橱窗

（5）签署协议

准备物料——营业执照公章——营业执照复印件——1寸主播照片。

（6）开店完成

【创建商品】

目前商品标题中不允许出现的词汇：玉石、翡翠、直播间、专拍、直播专拍、代购，创建商品时应注意不要使用这些词汇，否则商品无法加入橱窗。

总共要创建的商品有三个：

第一个：直播付款商品，参数价格999999元

第二个：直播付款备用商品，参数价格999999元

第三个：用于短视频的购物商品添加（商品标题必须是：商品示例勿拍——实物在直播，参数价格90000.00元，只要1个规格，商品详情必须加：商品示例——勿拍——实物在直播）。

【所需要的资质】

● "国家企业信用信息公示报告"电子版

获取办法操作流程：

（1）登陆国家企业信息信用信息公示系统（http://www.gsxt.gov.cn/index.html）

（2）查询企业信用信息

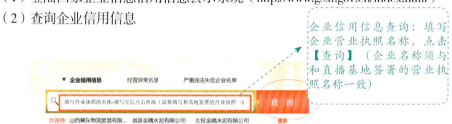

企业信用信息查询：填写企业营业执照名称，点击【查询】（企业名称须与和直播基地签署的营业执照名称一致）

（3）点击查询信息结果

（4）把查询结果发送到自己的邮箱

（5）打开邮箱下载企业信息公示报告

● "开播前信息收集"电子版

所填内容：营业执照名称、小店名称、小店ID、抖音名称、UID、抖音号、首播主播姓名（全名，别写昵称）、首播封面图。

UID获取路径：打开抖音APP——登录准备用于直播的抖音账号——点击我——右上角三个横杠——点击设置，拉到最下面，点击画圈的位置，多点几下即可得到UID。

小店名称和小店ID的获取办法：

【如何绑定抖音号】

路径：商家后台——店铺——渠道管理

抖音：开通后可以在绑定的抖音号商品橱窗、视频中插入店铺商品

抖音号绑定条件：
①第三方店铺信息审核通过；②店铺绑定的抖音主账号粉丝在30万以上。满足条件则点击【去绑定】

渠道管理

渠道账号管理：输入抖音账号UID、账号名称、渠道主账号、账号渠道及绑定状态

输入完成后，点击【新增绑定账号】

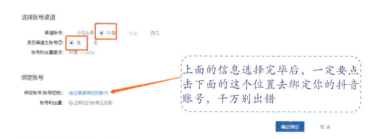

上面的信息选择完毕后，一定要点击下面的这个位置去绑定你的抖音账号，千万别出错

【如何添加商品橱窗】

2 抖音小店开店完成后，如何让别人看到你的店铺呢？这就涉及抖音电商权限的问题，要先开通抖音电商权限。

抖音电商权限的开通

如果小店绑定了抖音账号，打开抖音账号没有橱窗功能，说明抖音电商权限没有开通，需要去开通。

开通要求：已有10个短视频。

开通步骤：用于直播的抖音账号——我——三横符号——企业服务中心——商品分享（填写信息）——开通权限。

所卖商品类目选择：其他好货。

所属机构和是否自有店铺不选。

3 开通电商权限后，离顺利营业只差一步了，那就是入驻小店，就是把线下实体企业与线上的抖音小店联系起来。

【如何入驻小店】

（1）用电脑打开谷歌浏览器复制粘贴下述地址到浏览器打开。

https://fxg.jinritemai.com/

（2）登录入口选择抖音号选择登录。

（3）登录后选择个体或者企业入驻，营业执照是个体就选择个体，营业执照是企业选择企业。

企业入驻　材料准备

普通店铺　　专卖店　　专营店　　旗舰店

个体工商户入驻　材料准备

开始填写资料

（4）按照要求填写。

填写主体信息：
（1）经营者身份证照片（手持身份证，上传身份证头像面和国徽面）
（2）营业证件信息

（5）上传营业执照。

（6）店铺基本信息，店铺名称和营业执照上面名称一致，有商标证的可以填商标证上的名字（商标类型14类），一级类目选择珠宝首饰。

（7）行业资质信息不填。

（8）店铺管理人信息按下述步骤操作，填写完后点击注册。

4 现在，所有准备工作都做完了，可以营业了，赶紧上架要直播销售的商品并开始一系列的经营活动吧。

【小店经营管理】

● 商品创建

直播付款链接：商家后台——商品——商品创建——直播付款链接。

（1）支付方式：在线支付。

（2）商品URL：无须填写。

（3）商品标题：30个字符。

（4）商家推荐语：8个字符。

（5）商品类目：一级珠宝首饰、二级选择时尚饰品、三级选择饰品配件

（6）购买参数

（7）运费设置

第一步：点击物流—运费模板—新建模板；

第二步：名称自行填写；宝贝地址选择所在地；价格自行设置；设置完成后点击提交。

注意：当设置运费模板出现参数错误时，按以下说明操作：

①点击新建模板；点击为指定地区设置运费；点击编辑。

②把除"港澳台（或新疆、西藏）地区"全选，点击确认。

③下面的运费价格自行填入，上面的运费价格为0。

（8）发货时间（根据实际情况选择天数——超时不发货将会被扣取保证金并容易发生交易纠纷)。

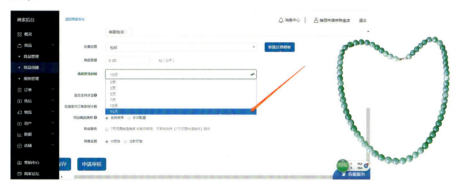

● 商品主图

商品主图：商家后台——商品——商品主图（规则要求）。

（1）必须上传5张，第1张必须为商品主体正面实物图，其余辅图需包含侧面、背面、平铺及细节等，所有主图不得含有除品牌Logo以外的任何文字、水印。

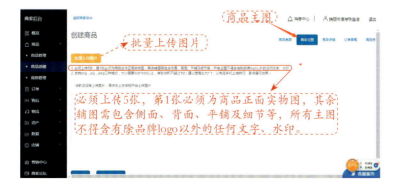

（2）支持png、jpg、jpeg三种格式，大小需在600mm×600mm以上，单张体积不超过1M（建议宽高比为1∶1，以免在手机上被挤压，影响展示效果）。

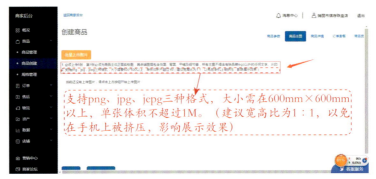

● 商品详情

商品详情：商品后台——商品——商品详情（规则要求）。

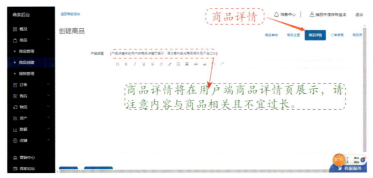

图片要求：宽度750mm，高度自由控制。

文字内容：自由。

标准：所做商品详情内容需合法合规（不得带有平台的品牌信息内容，如抖音官方认证）。

● 规格管理

（1）规格管理：商家后台——商品——规格管理。

（2）规格参数设置

10号规格必须是999999，其他的自由设置。

● 商品资质

商品资质：商家后台——商品——商品资质。

上传营业执照、法人身份证正反面。

● 短视频里面如何添加商品

打开抖音APP——上传视频——填写视频内容——添加商品——填写商品短标题——完成编辑——发布。

（商品标题：珠宝玉石在直播间）

● 短视频购物车商品创建

短视频购物车商品创建：商家后台——商品——短视频购物车商品创建。

图片随意

5 在小店的经营活动中，经营规模大，主播、客服比较多，对于账号的需求量也大，有没有一种功能，能实现多账号的分流管理呢？试试抖音直播子账号创建以及分流设置功能吧！

抖音直播子账号创建以及分流设置

子账号功能简介

子账号管理功能可以让店铺管理者根据自己员工的不同岗位，对员工子账号赋予不同的操作权限，包括但不限于商品管理、订单管理、客服功能、活动功能等权限。

子账号功能设置方式

（1）商家进入"店铺"——"子账号管理"操作。

（2）商家需先点击岗位管理—新建岗位，商家根据自己的需求创建相应的岗位并分配权限给员工。

（3）点击员工管理—新建员工，从下拉列表中选择设置的岗位，填入员工头条账号注册手机号及姓名，进行创建—确认。

【温馨提示】若下拉列表中没有对应的岗位，可点击创建新岗位，操作重新创建。

（4）新建员工成功后，需要该员工用自己的头条账号登录后台，显示账号授权模块时，员工可操作确认或拒绝授权。

【温馨提示】员工头条登录账号指员工自己的头条APP的登录方式。

（5）已授权的子账号可操作解除授权。

开通子账号IM权限

● 子账号权限开通

操作路径：商家后台（主账号登录）——店铺——子账号管理，新建或者编辑员工时，勾选上"开通IM客服权限"即可。

● 子账号昵称修改

操作路径：商家后台（主账号登录）——店铺——子账号管理，点击"编辑"，修改"员工姓名"，保存即可。

备注：主账号昵称不可修改，默认为注册店铺时填写的"管理人姓名"。

● 打开消息提醒

使用谷歌浏览器登录商家后台，点击商家后台右上角"客服服务"进入飞鸽IM，按如下序号顺序操作：

（1）依次点击"小锁图标"；

（2）通知项选择"允许"；

（3）头像状态选择【在线】；

（4）点击"网站设置"；

（5）向下滑动到"声音"选项，选择"允许"。

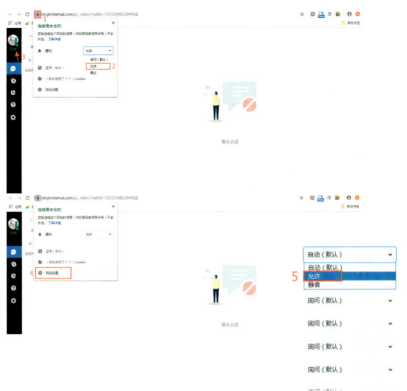

打开允许和在线状态后，切换到其他页面右上角也会有弹窗和声音提醒。

【温馨提示】当离开飞鸽客服系统页面15分钟后，需重新回到飞鸽页面点击刷新，以便更及时地接收新的买家咨询。如仍然无法接收到最新消息，请刷新商家后台页面，再次进入飞鸽系统。

同时接待客户数设置

● 操作路径：设置——客服设置

主账号可以更改自己的"同时接待客户数"，同时可以看到子账号的"同时接待客户数"，如需修改子账号的"同时接待客户数"，用子账号登录飞鸽进行修改。

主账号页面示例图：

子账号页面示例图：

最大同时接待客户数：单个客服支持同时在线服务人数，超过设置数量的客户将进入等待队列，最多50人

● 排队等待

如下两种状态，消费者咨询会进入排队：

（1）当前咨询人数超过所有客服的"同时接待客户数"之和时，超出的消费者咨询会进入排队；

（2）当所有客服状态均为忙碌或不在线时，消费者咨询会进入排队。

● 结束会话

（1）与消费者沟通完后，需要点击"结束会话"按钮，否则会占用"同时接待客户数"的名额，导致排队中的消费者消息无法进入，结束的会话会收录到"历史会话"tab中；

（2）消费者的最后一条消息，如果商家15分钟内未回复，系统自动结束会话，收录到"历史会话"tab中；

（3）结束会话后，商家点击"历史会话"tab可以找到该会话，24小时内支持继续回复，大于24小时无法回复；

（4）结束会话后，用户再次发消息时，会重新分配客服。

● 会话计时

计时表示商家多长时间没有回复消费者信息，具体计时逻辑如下：

（1）分配人工客服时开始计时；

（2）商家回复后计时停止；

（3）后续消费者每次发来消息时，都会重新显示计时。

● 将当前会话转接店铺其他客服

点击【转接客服】，可根据需求将当前对话转移至对应客服。

【温馨提示】

·消费者咨询仅可在24小时内回复，超过时间商家将只能查看咨询记录，无法回复消费者咨询；

·商家仅可向30天内下单的消费者主动发起会话；

·当离开飞鸽客服系统页面15分钟后，需重新回到飞鸽页面点击刷新，以便更及时的接收新的买家咨询。如仍然无法接收到最新消息，请刷新商家后台页面，再次进入飞鸽系统。

6 直播过程中，用户可以很便捷地直接点击屏幕下单购买商品吗？
"闪购功能"可以实现这种需求。

如何启用闪购功能

闪购指直播过程中小店提供的一种便捷在线下单功能，闪购可通过系统自动截图快速新建商品链接，以供消费者下单，等同于一物一拍，方便下单的同时，可以提升大家的发货效率。

目前闪购功能已优化完成，截图可以实时进行，不用等待，整体效率提升，助理与主播的协同效果和用户体验会更好。

闪购功能的优势

（1）闪购包含了商品图片，让用户更有安全感，且可确认实际购买的商品；

（2）定向闪购用户体验更好，点击闪购后直接购买，避免长路径导致用户放弃购买；

（3）定向闪购可规避用户恶意拍占库存以及恶意下单的问题；

（4）全量闪购可以长期放在直播间购物袋，随时可供用户购买，流量利用效率更高；

（5）全量闪购以抢购的方式呈现在用户购物袋，不用去固定拍几号链接，更方便。

使用前注意事项

（1）先更新抖音版本至最新版。

（2）选择谷歌浏览器登录，如果没安装谷歌浏览器，请先安装谷歌浏览器。

（3）新建定向闪购商品时，如果用户名中有表情字符，如😂等，商品名称中必须删除表情字符。

（4）闪购截图时桌面不能有"A货"字样，截图截到的话会显示。

（5）闪购功能只能在直播过程中使用，非在播状态无法创建闪购商品，下播后前面创建的闪购商品链接将自动失效。

● 进入百应后台

输入https://buyin.jinritemai.com/dashboard/jade/list进入百应后台，点击"登录"。

● 登录方式

选择登录方式：抖音，使用开播抖音号扫码登录。

● 账号登录

抖音账号登录：扫码进入后台，使用开播抖音号扫码登录。

手机端扫码流程：打开抖音 App——点击左上角"放大镜"——点击左上角"扫码"。

● 身份选择"达人"
注意：请事先认证达人身份

点击认证达人身份
（享有商品分享功能
权限的内容创造者）

● 创建类型：全量闪购/定向闪购
（1）全量闪购：向全部看播用户发送闪购商品链接
创建全量闪购商品：进入【直播管理——闪购】，点击【全量类型】；

+全量类型

直播管理：闪购

运费设置可以点击选项栏右侧的【新建】按钮跳转至商家后台进行设置；

闪购

新建

抖音直播专业知识

按提示要求填写全部商品信息——点击【新建】；

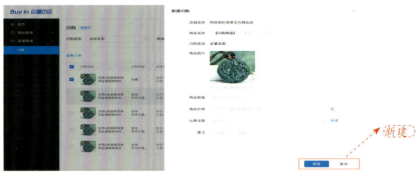

【温馨提示】

"新建闪购"窗口弹出后，商品图片会自动截图；

在商品列表管理中里最多同时有 20 条全量闪购。

（2）定向闪购：向指定看播用户发送闪购商品链接。

创建定向闪购商品，进入【直播管理——闪购】，点击指定用户的评论；

按提示要求填写全部商品信息，点击【新建】。

【温馨提示】

定向闪购的库存必须默认是 1，不能修改；

在商品列表管理中里最多同时有 10000 条定向闪购。

（3）当后台闪购状态显示已结束时，小店后台订单栏便会显示该交易订单信息

闪购商品没有自动结束的时间限制，自动结束的情况有三种：商家点击结束主动下架、用户下单至库存为0、账号下播。

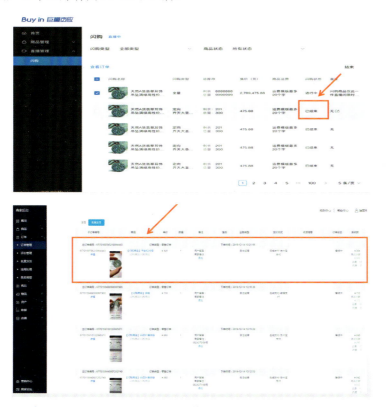

● 闪购商品列表可以进行的管理操作

（1）根据闪购类型对闪购商品进行筛选

在【闪购类型】下拉窗口选择想要查看的闪购类型；

闪购类型：
全部类型、
定向闪购、
全量闪购

抖音直播专业知识

（2）结束指定商品的闪购状态

商品列表中选择"想要结束闪购状态"的商品，勾选左侧的窗口，点击【结束】。

● 用户端样式

创建"全量闪购商品"后，看播端弹出闪购商品卡，用户点击商品卡可下单购买。

创建"定向闪购商品"后，指定用户会收到闪购弹窗，看播用户可直接点击【去抢购】。

7　所有准备工作都做好了，大部分的基础功能也了解清楚了，那我们愉快地开始直——播——了！

● 开启直播

点击抖音首页加号选择开启直播。

点击首页下方的"+"号

● 直播封面

上传封面照片（封面照片小于1M，600mm×600mm，最好不要加文字内容），贴合直播内容/真人照片，有助于用户进入直播间，清晰度要高。

● 直播标题

反应直播内容，吸引用户观看（10字以内）。

● 开启定位

同城的人可看到。

● 美颜滤镜

玉石直播为避免色差需关闭美颜、滤镜。

【直播账号如何设置无美颜】

直播间展示无美颜效果增加客户信赖度。

（1）打开抖音APP

（2）升级

右上方有三条横线点击【设置】——打开通用设置——点击【检查更新】（若是最新版本，会提示"没有可用的更新版本"；若是有可以更新的版本，请更新至最新版本），苹果手机进入APP store检查更新。

（3）关闭美颜

打开开播界面，"开始视频直播"红色字样上方有美颜、滤镜按钮——点击【美颜】——把系统默认到50比例的小白点往左拖动至"0"，则为关闭美颜。

（4）关闭滤镜

打开开播界面"开始视频直播"红色字样上方有美颜、滤镜按钮——点击滤镜——选择最左边第一个"无"，则为关闭滤镜。

（开启开播画面直播头像显示无美颜，则设置成功）

● 添加商品——开启直播

● 直播端常用的直播功能

滤镜、美颜、贴纸、粉丝牌、管理员（管理员列表、禁言列表、拉黑列表），打开路径直播端口右下角红色礼物袋旁三点功能符号。

（1）贴纸：分文字和图片两种

作用：文字贴纸可以加文字信息内容，使用字符（限制字数8个）可以把我们的优势或想要的结果导向写出来，如缅甸翡翠源头直供。

图片贴纸：暂时只能使用平台所提供贴纸，如：加入粉丝团你就是我的人。

（2）粉丝牌

三个字可做修改，作用展示优势、引导加团，如翠友团、玉米粉，查看粉丝多互动。

（3）管理员

管理员列表、禁言列表、拉黑列表，作用：解禁、撤管、列表信息管理。

（4）屏蔽私信功能

安卓端设置流程：

注：安卓手机抖音版本需要在9.5.0以上。

使用安卓手机设置成功后需要下播，再重新开播就可以了。

安卓手机开播：点击【...】——设置。

允许观众查看他人资料，选择关闭。

苹果手机ios端：

首先将手机的抖音版本更新至最新。

设置流程：

手机开播：点击【…】——设置。

允许观众查看他人资料，选择关闭。

（5）减少粉丝关注关系曝光的小技巧

抖音App更新到最新版，我的——右上角【设置】——隐私设置——谁可以看我的关注列表——粉丝列表设置为"仅自己"，这样你的抖音关注粉丝就只有自己能看到了。

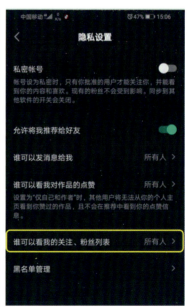

8 　　直播观看人数不太理想？想从曝光度上增加粉丝引流？试试抖音的几种投放方法！

如何提升直播间人气

如何提升直播间人气

● 短视频抖＋投放方法

首先点击视频右下角箭头；

从栏目框里找到帮上热门;

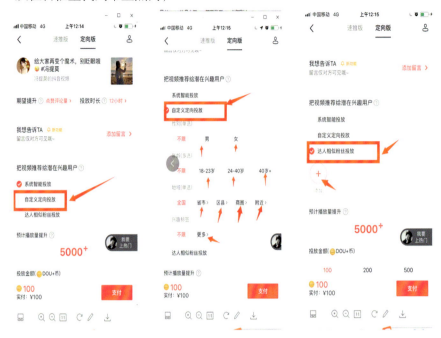

根据需求选择投放方式，然后点击支付相应金额即可投放。

● 直播抖+的投放方法

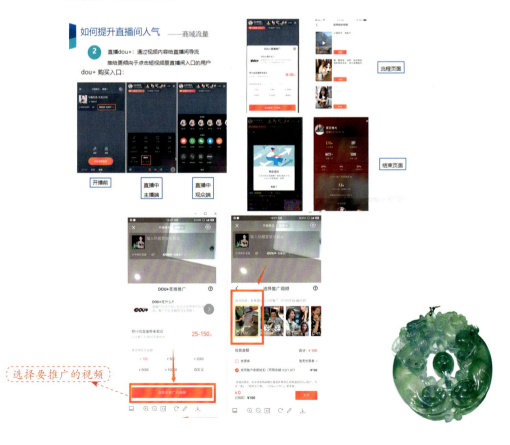

选择要推广的视频

完成直播、销售付款流程后，后期要进行发货流程及相关管理工作和售后服务。

发货常见问题及解决建议

? 订单如何发货？

（1）在"备货中"的订单上点击"发货"——"手动输入物流单号"，可以对单个订单进行发货。或者使用系统自带的"电子面单"功能打单、发货。

（2）使用易打单等软件打单发货。

订单需在要求的时间内发货，超时未发货的，会在"订单管理"——【24小时需发货】中展示。

? 如何批量发货？

批量发货是指通过上传文件的方式，对未发货订单进行批量发货处理操作，商家无需对订单进行逐个处理。

批量发货操作方式：

（1）位置

点击【订单】——【批量发货】进行批量发货，点击【下载模板】下载批量发货模板，按照模板规则进行填写，点击【查看教程】可进入批量发货功能的使用教程，了解功能的使用。

（2）上传发货模板

点击【立即上传】导入按照模板规则填写的文件，单次最多支持导入5000条订单，超过数量请分多次导入，仅支持 .csv、.xls、.xlsx 格式文件的导入。

上传文件格式错误提示如下，可以点击【重新发货】进行重新上传。

抖音直播专业知识

上传文件成功展示如下，文件上传成功后发货状态为"未发货"。

点击【发货】。

发货进度条展示如下：（发货量大时，上传进度如进度条所示，期间可切换其他页面，发货上传进度不会中断）。

成功发货的订单"发货状态"为"成功"，没有成功发货的订单"发货状态"为"失败"。

在【全部】中，点击【导出全部】处可导出全部订单的发货状态，在Excel中进行筛选成功或失败的订单，也可以在【发货成功】或【发货失败】页面分别下载成功或失败的订单明细。发货失败的订单可按上述操作，重新进行批量发货处理。

（3）已发货成功的订单修改：批量发货和单个发货的订单都可以多次修改，批量发货的订单只有一次批量修改机会，此后想修改只能逐个订单操作。

售后常见问题及解决建议

订单付款时效

客户拍下但没付款的订单：【30分钟未支付系统会自动取消订单】

商家没有取消订单的权限。建议客户拍了之后，把货留存一定时间，最终客户未付款或与客户沟通确认客户不要了，再把货还给货主。

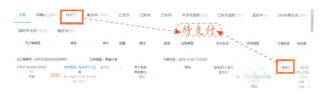

❓客户付款后，商家还未发货客户就申请退款怎么办？

【特别注意】
（1）商家48小时未处理，系统自动同意退款。
（2）遇到客户申请"仅退款"一定要特别小心操作，商家同意仅退款后系统会立马执行退款命令，如果是商家误操作，系统是无法撤回的。

确定可以给客户办理退款的，按以下流程来进行：
第1步：在订单列表点击"处理"；

第2步：在"未发货退款管理"页面找到订单点击"处理"；

第3步：在订单退款页面点击"退款"；

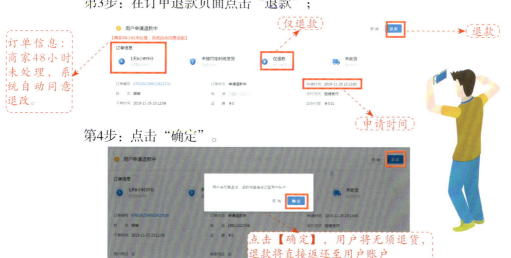

第4步：点击"确定"。

如果实际已发货，但还没来得及录入单号，商家可以"拒绝"退款，拒绝时系统要求要输入快递单号（记得提前和客户沟通好）

订单信息：商家48小时未处理，系统自动同意退款。

仅退款

拒绝

申请时间

若实际已发货，请与买家沟通并立即填写物流信息，如果未经买家同意或虚假发货产生后续纠纷，平台介入并核实为商家责任时将对商家进行判罚。

选择相应物流公司，填写对应物流单号。

【温馨提示】

在输入快递单号这一步，如果遇到无法选择快递公司或者所选择的快递不在列表中的情况，就到系统后台"物流"页面——"服务商管理"——"常用服务商"—直接搜索快递公司名称，添加为常用，就可以手动输入快递单号。

物流

常用服务商

服务商管理

直接搜索：输入需要搜索的快递

物流 → 物流

服务商管理 → 服务商管理

电子面单　常用服务商 → 常用服务商

直接搜索：例、直接输入申通

常用服务商

是否确认将此服务商添加到常用服务商？如确认，点击【确定】

服务商管理

操作成功

申通快递（常用）

📣 【特殊状况】

　　未发货状态客户只能申请一次退款，不管客户是自己取消还是商家拒绝，客户都没办法再发起一次退款。在这种情况下，如果客户仍然还要退，那么和客户协商好，商家随便填写一个快递单号，让客户尽快去申请仅退款，并且商家尽快给客户办理退款。（关键点：通过飞鸽交流，留下有效凭证，如果产生扣罚，可以用凭证去申诉）

❓ 已发货的订单，什么情况下会确认收货（已完成）？

（1）系统读取到签收物流信息后自动确认收货。

完成时间：2019-11-25

已签收，感谢使用，期待再次为您服务

系统自动确认收货

抖音直播专业知识

（2）客户主动确认收货。

（3）少量订单读取不到物流信息、物流时间超长（发货15天后仍然没有签收信息）、用户没主动确认收货的，卖家发货15天后系统自动确认收货。

造成这种现象的3种情况：快递单号填写错误，物流公司选择错误、订单反复进入退款/退货流程、订单中转时间较长客户迟迟没有签收。

❓已经确认收货（已完成）的订单，客户多长时间内能发起退货？

【确认收货/已完成7天内可申请退货/退款】

可申请的对象：①用户可以申请售后（也就是申请退货/退款）；②抖音官方客服可以发起退货/退款。（抖音官方客服电话：10101588，需要客户联系抖音官方客服才有效）

订单号：6762144304044458253 重复下单

下单时间：2019-11-22 22:53:45　　确认时间：2019-11-22 22:54.01　　业务类型：自主经营　　订单状态：
付款时间：2019-11-22 22:54.01　　支付方式：在线支付-微信支付　　APP渠道：抖音　　已完成
发货时间：2019-11-23 14:55:16　　物流公司：顺丰快递(常用)　　物流单号：SF1014056327366
完成时间：2019-11-26 14:55:19　　预计发货时间：2019-12-07 22:53:45　　物流信息

确认收货/已完成7天内可申请退货/退款

申请售后

确认

提交

? 客户收到货后，已经申请过退货/退款，商家均拒绝，无法再次申请怎么办？

发货后，用户可以申请两次退货/退款，超出5次后，需进行如下处理。

分两种情况：

（1）如果距确认收货小于7天，可以让客户拨打10101588找客服申请。

（2）商家拒绝客户退款后，客户可在7天内申请客服仲裁（客服申诉）。

商家可以引导客户申请仲裁，当平台客服联系你们的时候（平台客服会通过电话、服务请求联系商家），如果已收到退货，让平台客服仲裁支持客户，就可以给客户线上退款了，避免5%服务费。

（3）如果平台客服无法发起退货申请，客户也没办法申请仲裁的，需要通过线下退款给客户办理退款，并且把订单号和情况在基地报备（可以通过支付宝二维码、微信二维码、银行账号、支付宝账号四种方式办理线下退款，哪种方便用哪种。千万不要加微信）。

? 发货后客户申请退货/退款怎么处理？

第1步：找到需要处理的订单，点击"处理"；

【注意】

【48小时商家未处理，系统自动同意】有可能是两种：①同意仅退款；②同意退货退款。这两种的不同就在于客户申请的是仅退款还是退货退款。

抖音直播专业知识

第2步：仔细检查客户期望是"仅退款"还是"退货退款"，另外务必要先确定客户是否已收到货，再进行相应操作。如果客户已收到货，申请"仅退款"是错误的，在这个时候商家点击"退款"按钮是同意客户不需要退货直接退款，那就会造成不必要的损失（货在客户手里，款也给客户退了）。

正确的处理方式：

（1）客户未收到货申请仅退款：联系快递追回包裹，视包裹在途情况决定是否优先给客户办理"退款"，或先"拒绝"等收到退货后再办理退款；一定要注意时效，【48小时商家未处理，系统自动同意】，如果不同意客户的仅退款申请，一定要在48小时内操作拒绝。

（2）客户已收到货申请仅退款：联系客户说明情况，并及时操作"拒绝"，一定要注意时效，【48小时商家未处理，系统自动同意】，如果不同意客户的仅退款申请，一定要在48小时内操作拒绝。

（3）客户已收到货申请退货退款：商家确认可以允许客户退货的，点击"退货退款"同意客户的退货申请，注意及时把退货地址、相关注意事项等信息给到客户端，客户将退货寄出后，记得提醒客户去填写退货快递单号，安排工作人员保持跟进物流信息。

【注意】
"退货退款"旁边的"退款"按钮慎重点击，"退款"代表的含义是客户不需要退货，直接给客户办理退款

【重要提醒】
商家同意了客户的退货退款申请后，系统默认客户有7天的时间可以填写退货快递单号，所以一定安排人多跟进，让客户把退货尽快寄回来，寄出了之后及时去填写退货快递单号。

❓ 如果客户想退货，选成了"仅退款"怎么办?

发货后，用户可以两次申请退货/退款，让用户在订单页面取消申请，或者商家拒绝"仅退款"申请后，客户再次申请即可。

❓ 商家同意退货后，客户迟迟不填退货单号怎么办?

商家同意了客户的退货退款申请后，系统默认客户有7天的时间可以填写退货快递单号。

7天内客户没有填写退货快递单号，系统自动关闭退货。

正常情况下：客户无法再退货（已超出7天无理由退换货的范围）。

非正常情况：客户实际已经把退货寄出，但是没有去及时填写快递单号。

如果是属于第二种"非正常情况"，就只能通过线下退款的方式给客户办理退款，需要在基地报备。

【注意】

"已完成"状态后系统会自动扣取5%的服务费，通过线上退款，这5%的服务费也会退还给买家，但是如果是通过线下退款，这5%的服务费系统已经从商家所得货款中扣除，系统无法退还。所以一定要注意提醒、督促客户退货后到系统上填写退货快递信息。

商家可在"售后"——"已发货订单处理"——"待收货"中操作"提醒发货"，系统会自动给客户短信提醒客户将退货寄出。

正常情况下，只要商家在系统上同意客户的退货退款申请，就会收到以上短信提醒，并且商家之后可以自行在后台再次给客户发短信提醒。

所有电商平台都是在卖家同意买家退货申请后，会给买家7天的时间填写退货物流单号，所以关键点就在于商家跟进得及不及时。商家没跟进好就是7+7，跟进好就短一些。

❓商家同意了客户的退货退款申请后，客户没有去填写退货快递单号，但商家实际已收到退货怎么办？

解决方案：卖家同意客户退货申请之后，如果买家没有填写退货快递单号，也可以通过线上退款。系统上有"已收到货，退款"选项，点击即可通过线上给客户办理退款。

? 客户填了退货单号，迟迟没收到货怎么办？

客户填写单号后，一直没收到货，需要主动和客户沟通（联系客户确认一下退货到底寄出了没有、单号是否正确等）。

批量处理：在"售后"——"已发货订单处理"——"待收货"中处理。

在订单列表中，点击"处理"按钮，确定收到客户退货的，点击"退款"按钮；未收到客户退货的，点击"拒绝"。客户填写退货快递单号后，【7天商家未处理，系统自动同意给客户办理退款】。所以如果商家未收到客户退货，记得一定要在7天内及时去拒绝退款。

为避免再出现客户填写物流单号7天后，商家未及时在系统上操作"拒绝"退款，而导致系统自动给客户同意退款的风险，这里给大家推荐一个方法用于辨别订单，及时处理。

第1步：点击"详情"进入订单详情页，找到退货信息内容，复制客户填写退货物流单号的时间；

第1步，复制客户填写退货物流单号的时间

第2步：点击添加备注，把客户填写物流单号的时间+6天填写上去（比如这个订单客户是2019/11/23下午3：28：51填写的物流单号，建议把时间修改为11月29号，留一定时间避免出错，具体的由商家自行决定）。

PS：记得把原来的备注复制下来一起填写上去，要不然你直接填写，会把原来的备注覆盖/清空掉。

第2步，添加备注，把客户填写物流单号的时间+6天填写上去，记得把原来的备注复制下来一起填写，不然会把原来的备注覆盖盖了。

第3步：安排工作人员每天填写备注，每天去查是不是有订单快到备注时间了，如果是的话，确认一下物流是否已收到，未收到的联系客户确认具体情况，并及时拒绝处理，避免意外损失。

最重要的是，一定要安排工作人员去研究系统规则、去关注退货退款订单。

正常的退货退款流程

正常的退货退款流程是：①买家申请退货；②卖家处理：48小时内处理（同意或拒绝，如果拒绝需要提前和买家沟通）。如果48小时内未处理，系统自动同意买家退货；③买家退货，填写快递单号（买家7天不填写退货快递单号，系统自动关闭退货）；④卖家收到货给客户办理退款，或者7天内没收到退货去拒绝退款（如果买家填写退货物流单后7天不处理，系统自动给客户退款）。

【意外情况】

（1）如果买家已收到货，申请的是仅退款（不需要把货退回来），卖家没注意核实，点了退款（或48小时没处理，系统自动同意退款），就会造成货在客户手里，款项也给客户退了的情况。

（2）如果买家填写退货物流单后7天商家不及时处理，系统会自动给客户退款，可能会造成客户实际未退货/商家未收到退货，但款项已退的情况。

违规订单

？后台显示违规订单需要处理是什么意思？

违规订单通常有虚假发货和超时发货两类。

需在"订单"——"违规处理"中处理。

关于"虚假发货"特别注意：

（1）上传单号发货后【24小时】内要物流信息要有揽件记录。

（2）首条物流信息更新后，【24小时】内要出第二条更新。

（3）订单收件人的姓名、地址、电话完全一致，才可以填同一个运单号。

？虚假发货如何判罚？

按照《商家违规行为管理规则》规定，虚假发货每出现一次违规行为，扣除保证金500元，累计数量过多的话，可能会导致一次性2万元的罚款。

详情请查看平台规则，若系统判定错误，及时发邮件申诉，避免罚款、扣分。

【报备/申诉】

因不可抗力（如水灾、火灾、地震、政府重大会议、重大赛事等）等原因导致无法及时更新物流消息的情形，商家可向平台报备或申诉。经平台评估后予以通过的，将不会扣除商家保证金或退回已扣的保证金。

报备要求及路径：

发送情况说明至ecservice@bytedance.com。

申诉路径及要求：

在接到判罚通知5个工作日内，商家若有疑问可将申诉邮件发送至ecservice@bytedance.com。

平台会在5个工作日内进行审核回复，每个判定记录可申诉一次，逾期不申诉，将视商家认可平台判罚。

？怎么确定是不是虚假发货？

（1）在"商家后台——订单   违规处理"里面就可以看到虚假发货的订单信息，点击"虚假发货"后的符号，可以查看到具体的判定原因。

抖音直播专业知识

（2）虚假发货的判定原因一般有四个：揽件超时、超时未改正、早于下单、物流单重复。

【揽件超时】和【超时未改正】的关联：

　　商家填写快递单号24小时后无物流信息，系统就判定为虚假发货"揽件超时"，如果过了48小时系统再去复查，还是没有物流信息，系统就判定为虚假发货"超时未改正"。

【早于下单】

　　商家填写的快递单号首条物流信息时间早于客户下单付款的时间，属于明显的物流异常。这种判定极大可能是快递单号填写错误，商家应尽快自查确认，并修改为正确的单号。

【物流单重复】

　　遇到【物流单重复】的判定，商家应尽快确认：①客户的收货地址联系电话收件人名称等信息是否全部一致；②快递单号是否填写正确。

　　虚假发货自查方法：

　　①确认虚假发货原因是【揽件超时】或【物流单重复】；

　　②如果是【揽件超时】，请核对订单详情内【订单发货时间】与【物流更新时间】是否超过24小时；

发货时间：
2019.11.23 15:54

订单号：6762160971659215117

物流更新（揽件）
时间：
2019.11.23 19:15

③如果是【物流单重复】，请在商家后台根据【快递单号】搜索订单，看是否同一快递单号，填写到了有不同的收货地址的订单中，如是，请尽快核实并到订单页面点击"重新发货"输入正确的单号；

【特殊情况】

同一客户购买多件商品同时发货，但是客户填写的收货信息有不相符的情况，比如电话号码不相符、地址不相符、收件人名称不相符也会被系统判定为虚假发货（预警、未处罚），遇到这种情况请先确认：①是否经过客户同意，或客户主动提出要求（最好是通过飞鸽客服系统，文字确认）；②快递单号是否填写正确；③商品是否确认在同一包裹内发货；④是否在发货后24小时内有物流信息更新。

客户需要改地址等信息的，记得通过飞鸽交流，留下凭证，这样万一被扣罚，可以用凭证去申诉。

？如何避免虚假发货？

（1）选择平台合作的物流公司发货；

1）选择非平台合作物流公司进行发货

中通快递、圆通速递、百世汇通、京东物流、顺丰速运、德邦物流、韵达速递、申通快递为平台合作物流公司，平台将同步以上8家快递公司的物流信息至商家后台及用户订单页。

其他物流公司为非平台合作物流公司，无法在商家后台及用户订单页准确展示物流信息，可能会因第三方平台未知问题造成虚假发货判定结果偏差或用户投诉，请商家谨慎使用。

（2）避免快递单号填写错误，避免填写单号后快递一直未揽收，避免提前太久打单、填写快递单号，避免隔很久才让快递公司收件；

（3）养成自查习惯。推荐一个自查方式：填写快递单号12小时后，安排人随机抽查部分快递单号，到系统上花几分钟时间点击查看是否有物流信息更新，如果没有，剩下的12小时需要跟进快递公司，尽快上传物流信息。

首先是商家自查——24小时后系统检查——48小时后系统复查。

如果在商家自查阶段能够发现问题并改正是最好的，等到系统检查之后判定虚假发货（预警），这个时候商家已经晚了一步，基本上判定已成事实，没有什么可解决方案（除非是快递单号填写错误，去修正）。

抖音直播专业知识

❓什么是超时发货?

消费者下单后,商家在承诺的发货时间内未上传真实有效的物流单号。(真实:有物流信息;有效:24小时有物流信息)

在创建商品时将承诺发货时间设置为15天,很大程度上能够规避扣罚。如确实超过15天都无法发货的,商家应及时自查是什么原因导致的,并作出相应整改。

❓超时发货会如何处罚?

每出现一次违规行为,扣除保证金50元。

为督促商家尽快修正已产生的发货超时订单,平台将在订单首次判定为发货超时违规的每24小时继续判定。

如在该24小时内,商家仍未及时规范发货,或者未与消费者达成一致做退款处理,则仍会继续被判定为发货超时。

如商家一直未上传正确的物流单号,平台将继续识别判定,判定上限为3次。

超时发货,已处罚

常用功能

通过订单编号与客户发起会话(可以发起一个月内的订单会话)

第1步:复制客户订单编号;

第2步:把订单编号粘贴到飞鸽搜索框,系统就会搜索到客户(订单超一个月的就搜索不到);

第3步：点击客户昵称，就可以发起对话。

订单超一个月的就搜索不到，解决方案：

（1）通过电话短信的方式联系客户；

（2）个别客户会在店铺内重复下单，通过收件人电话、名称搜索、查找订单。

给商家的建议

（1）安排人每天到系统后台"订单"页面——"违规处理"里检查是否有虚假发货预警，如有，应及时处理（没有物流信息的去跟进快递，让快递尽快录单，或者是快递单号填写错误的，及时去修正），最重要的是：避免下次再犯。

（2）安排人每天到系统后台"订单"页面——"违规处理"里检查是否有超时发货罚款，如有，下次规避不要再犯。

（3）安排人每天到系统后台"售后"页面——"服务请求"——"待处理"里查看有没有客户投诉到抖音官方客服平台，平台下发需要商家及时处理的信息。

【24小时处理并回复】处理：有效处理，并上报解决方案/解决结果。最重要的是一定要正确理解官方客服下发的信息。

（4）安排人每天到系统后台"订单"页面——"订单管理"——"未发货退款""已发货退款""退货"中查看、处理、跟进订单。

未发货退款：20
已发货退款：3
退货中：141

（5）安排人每天到系统后台"数据"页面——"DSR数据"中看一下订单实时数据（每天更新），DSR综合评分低于80%的（即低于4分），随时有关店的风险。

用户口碑：4.75
服务态度：4.76
发货速度：4.77

点击【提交】发表评价

抖音是五星评价，一二星差评，三星中评，四五星好评，好评率是由系统综合所有打分计算的。

（6）安排人每天到系统后台"订单"页面——"评论管理"—里面看一下有没有恶意评价，如果有的话，去做一个正面的引导，但是要有事实为依据。

（7）最重要的是：安排人去研究、学习系统规则。

店铺款项管理

❓ 款项多久结算/到账？如何查询是否已到账？

正常情况下，已完成状态7天后款项就会到账（正常情况是指订单没有进入过退货/退款流程、物流信息系统可以正常获取）。

为什么要已完成状态七天后款项才会到账？因为按照系统规则，珠宝玉石类成品必须支持七天无理由退换。

❓去哪里查看款项是否已经到账了？

系统后台"资产"——"支付流水查询"，在"订单号"一栏输入正确的订单编号，点击"查询"。

查询到的信息里就包含订单状态、结算时间、是否入账、该订单产生的费用类型等信息。

是否入账里写了"是"的，就是款项已到账；"否"为款项未到账。

?如何提现?

系统后台"资产"——"商家结算"，分为微信订单提现和支付宝订单提现两种，打开对应的页面，点击"申请提现"，按系统提示进行操作即可。

点击"查看流水明细"可以看到每天到账的是哪些订单、多少款项，同时可以把文件下载下来，方便核对。

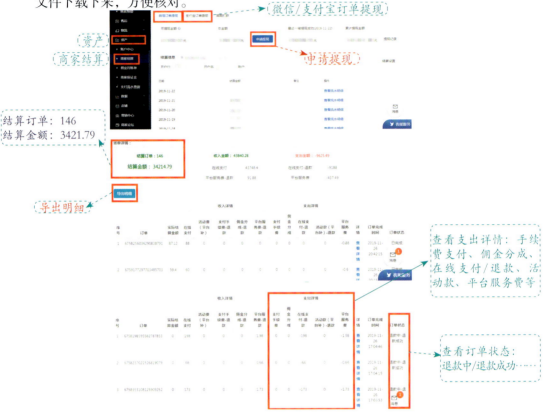

结算订单：146
结算金额：3421.79

目前提现不成功可能存在如下几种情况：

（1）商家填写的银行卡写错了，对私的写成了对公的，对公的写成了对私的；

（2）商家填写的银行卡绑定手机号码错了；

（3）个别商家微信提现不成功，需要及时去更新信息并提交审核，审核通过之后可以正常提现。

店铺评分管理

（1）店铺评分（以下称"店铺评分"或"DSR"）构成

①DSR考核周期：前1天至前60天内的数据。

②DSR包含三个因素：商品描述相符得分、商家服务态度得分、物流服务得分。

③DSR分值构成：1分至5分，最低1分，最高5分。

（2）DSR考核范围：

DSR指标	考量主体	考量主体	考核范围
用户口碑（5分）	商品	商品描述（评价）	考核
服务态度（5分）	商家	商家服务态度（评价）	考核
发货速度（5分）	物流	物流服务（评价）	考核

（3）不计入DSR分值的订单

①平台《商家违规行为管理规则》规定的涉及非约定商品、虚假交易等违规行为的订单；

②消费者、同行竞争者等被发现以给予中评、差评、负面评论内容等方式谋取额外财物或其他不当利益的恶意行为所对应的订单；

③包含辱骂、泄露信息、污言秽语、广告信息、无实际意义信息、色情低俗内容或其他有违公序良俗的评论内容的订单；

④平台排查到的其他异常订单。

（4）店铺处理

①DSR在一个考核周期内平均分值需大于或等于"4分"，如DSR在考核周期内平均分值低于"4分"的，平台将有权依照《电子商务开放平台店铺服务协议》及平台规则与店铺终止合作。

②申诉路径及要求

在接到处理通知5个工作日内，商家若有疑问可将申诉邮件发送至ecservice@bytedance.com。

平台会在5个工作日内进行审核回复，逾期不申诉，将视商家认可平台处理。

第四章 翡翠直播技巧提升

直播间的互动技巧

许多主播在直播时都会遇到的问题——直播时老是互动不够，容易冷场。虽然有部分主播可能是因为自己的性格不够外向，但还有很大一部分直播主播们却是因为不懂直播间的互动技巧。

直播间门面要做好

开播前的装扮与房间的布景，直播开始后的封面图片、头像要做好。尤其是封面图片，玩家对你的第一印象就来自于你的封面，一定要有吸引力，让人有点击进入你直播间的欲望！

直播内容精编

不需要创造新的场景，在大家最熟悉的直播间里，把5个小时里有趣的部分挑出来，剪辑成几段短视频，配上字幕，就能再传播一轮。这个逻辑和网综节目剪短视频扩散一样，能看完整2个小时节目是一拨人，而只看当期节目的花絮剪辑和GIF动图的可能又是另一拨人。

单品类突破，创造陌生感

推荐不知名品牌很难引发粉丝扩散，因为消费者要被种草两次：一是陌生品牌种草，二是新功能卖点种草，两个新讯息同时输入，观众接收起来是非常累的。另外，赞美与吐槽需要并行，一定要保持中立公允身份，"很难买到的产品"，或者"知道者多，拥有者少的产品"，容易引发关注。把直播内容格式化，这个格式很简单：提出问题——分析问题——解决问题。

主播表情动作尽量丰富

很多新手网络淘主播在直播间容易忽略的一点是：主播的表情动作僵硬，不够丰富。这也是许多新手淘主播人气不够的重要原因之一。把握主动，给一些特别的粉丝点个关注，不要只是单一的在直播间唱歌，跟粉丝多点互动。淘宝直播间是淘主播和观众沟通互动最重要的桥梁，淘主播们除了要善于调动现场气氛，处变不惊，还要懂得使用淘宝直播间人气互动软件增加与粉丝间的交流，提高每位观众的参与感。

除了保持微笑，主播也要考虑更多丰富的表情和动作。不要小看这些细节，这些细节能够让观众们获得感官刺激，感受到主播的积极与热情，就更容易对主播产生好感，从而更有意继续观看下一场直播，甚至关注主播，成为"铁粉"。主播们甚至可以多聊一些自己的生活小事，这样更容易拉近观众和主播之间的心理距离。

平时可以多积累幽默话语

新人要学会"自嗨"，不能因为前期人气不高，就对观众露出沮丧不快的表情。进直播间的用户都是来"找乐子"的，用户想看到的不是满身"负能量"的主播。

也就是说，直播间的主播如果有幽默的潜力，将很容易引起粉丝好感。许多主播觉得自己性格不够外向，也没有幽默的潜质，曾经就有新手网络主播就把段子抄在纸条上，直播时照着读的案例，虽然略显生硬，但也不失为一种办法。而更好的办法，则是平时多积累些段子，直播时可以背下来，至少不会那么生硬，再搭配一些当前的热门话题，相信你的直播间一定不会枯燥了。

直播时间要有规律

条件允许的情况下每天最好有规律地在某个时间段播两个小时左右，即使时间少也要保持直播，保持规律。新主播可以选一个或几个时间段直播一段时间，看看效果，如果效果不佳就换个时间段再试试看。

可以建立粉丝群

主播建了群以后，那些在直播间比较活跃的粉丝可以拉进群聊，但需要主播提前知会粉丝，有空的时候去群里互动。那些没有"马甲"的小号进来直播了可以重点关照下。教他们改名，可以是你的马甲，让他们进群，这样以后他们去其他直播间也无形中给你打了广告，提高了曝光度。最重要的一点是跟粉丝间的距离一定要把握好，建议主播与粉丝也不要太过亲近。

让管理有事可做

每天让他们活跃直播间气氛，直播间有人要群的话让管理私聊发给他，平时禁言等操作尽量让管理去做，培养他们的积极性，提高你的凝聚力。可用"自己人"等词汇提高粉丝黏性。

如果你想成为一个大主播，应该怎么做？

（1）人设清晰，形象、动作、口号、场景、道具稳定而统一。

（2）核心内容像讲故事一样，起因、经过、结果，开头过程结尾有一个完整的结构。

（3）创新部分，旧元素新组合，源于生活高于生活，夸张演绎，引发观众共鸣的卖点。

主播能力提升

当一个新手主播能熟悉直播全部功能模块并能很熟练地进行相关操作，全程讲解也很流畅，但关注量或相关销售业绩依然达不到预期的时候，直播主播或许应该考虑一下提升自己其他各方面的能力。

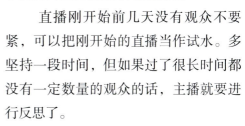

直播刚开始前几天没有观众不要紧，可以把刚开始的直播当作试水。多坚持一段时间，但如果过了很长时间都没有一定数量的观众的话，主播就要进行反思了。

可以从以下几方面着手：

（1）检查片头预告有没有问题，是否足以引起大家围观的兴趣。一个好的预告片头很重要，可以直接引起粉丝对下一期直播的期待。

（2）主播在直播时候的表达能力和感染力务必到位，能不能留住并带动观众购买欲，主播起到很关键的作用。

（3）排名和引流需做好推荐。有些直播连续直播几天都没有什么效果，一个人都没有的话就很有问题了，需要看下排名推荐是不是忽略了。

（4）直播的内容要精彩，采取一定的促销优惠策略。当主播在说得精彩激昂，又有很多折扣时，最容易勾起人们的购买欲了。

（5）坚持和学习。直播就是一个不断学习，不断总结，并且持之以恒的事情。

主播直播讲解技巧

找到痛点

找到痛点包括两个方面，一个是提出痛点，另一个是带入场景。主播把产品展示给大家看之前，可以先设想产品使用的场景，随即触动粉丝的存在感。在直播中提出引发观众兴趣的问题，从问题到产品的需求上做引导，从而提出用户产品的痛点。

放大痛点

在此之前主播必须要熟悉产品所能带入的场景。找到提出痛点后加以产品的使用场景继续放大痛点。可能这个时候观众并不急需这个产品，针对这样类型的问题，我们就需要继续把产品的痛点进行放大，让客户觉得这款产品是他所急需的。

引入产品

先做产品介绍，包括产品的规格、成分、材质、色彩、触感等基本信息来详细介绍产品。围绕产品做个简单的介绍，随后进行品牌介绍，特别说明产地信息和产品理念等。

提升价值

介绍了产品基本信息以后，就要开始提升产品的价值了。可以从服务保障入手，也可以从产品的核心卖点到用户评价，比如口碑、好评率等，来凸显产品的价值。

降低门槛

当主播们已经对产品的描述做得很完备了，那最后一步就是要把产品推销出去，这时就可以用到常见的价格优势，从日常价格、直播间价格和限时优惠三个方面进行对比分析，重点突出产品的颜值和实用感受。如果想要在直播过程中让大部分观众都了解这款产品，就必须让粉丝有紧迫的状态，让粉丝产生即使现在不需要这款产品，但如果现在不买，以后可能就没有了的感觉。那么这个状态会在直播间转化成今天限时限量的氛围——"过了今天就没有这个优惠了"。

直播标签、时段选择技巧

直播标签明细（仅限珠宝类目）

栏目标签是主播对即将开播的直播主题所标记一个相应的标签，便于平台向前台各个直播频道分发对应的优质直播内容之用，即通过标签来将优质的直播间内容推送至公域浮现，您的直播间也就有机会获取更多的公域流量，所以请根据下方表格中的"选择要求"来选择相应的标签（单场直播只能选择一个）。

垂直频道	频道子标签分类	子标签选择要求——对应的商品一级类目要求
珠宝	金银首饰	直播间主营宝贝70%以"金、银首饰"为主
	翡翠	直播间主营宝贝70%以"翡翠"为主
	和田玉	直播间主营宝贝70%以"和田玉"为主
	翡翠原石	直播间主营宝贝70%以"翡翠原石"为主
	钻石彩宝	直播间主营宝贝70%以"钻石、彩宝"为主
	珍珠	直播间主营宝贝70%以"珍珠"为主
	琥珀蜜蜡	直播间主营宝贝70%以"蜜蜡、琥珀"为主
	文玩收藏	直播间主营宝贝70%以"古董/邮币/字画/收藏"为主
	水晶	直播间主营宝贝70%以"水晶"为主
	手工匠人	直播间主营宝贝70%以"手工匠人"为主

垂直频道	频道子标签分类	子标签选择要求——对应的商品一级类目要求
真惠选	9.9元封顶	直播间里所有售卖的商品，价格必须≤9.9元
	19.9元封顶	直播间里所有售卖的商品，价格必须≤19.9元
	39元封顶	直播间里所有售卖的商品，价格必须≤39元
	59元封顶	直播间里所有售卖的商品，价格必须≤59元
	99元封顶	直播间里所有售卖的商品，价格必须≤99元（如有利益点的，则必须在直播间口袋标明利益点，体现出利益点后价格99元）
	199元封顶	直播间里所有售卖的商品，价格必须≤199元（如有利益点的，则必须在直播间口袋标明利益点，体现出利益点后价格99元）

标签和时段选择

●统计大主播直播标签和时段

如果你会用表格，那建议你做一个TOP主播每天的直播时段和选用的标签，这个是非常耗费精力的事情，目前也尚未明确是否有软件可供直接查询，最简单的统计方式——真人跟踪统计法。

●做表格的作用

这个表格是你选择如何最大限度躲开竞争对手的神器，同标签下如果与其他大主播在同时段直播，那绝对是不明智的，因为人家一开播就是TOP权重了，所以很多运营为什么会建议新主播选择凌晨直播的原因也在这，现在即便是凌晨直播的新主播也多如牛毛了。

避开大主播在店铺运营里选择上下架时间。运营店铺的卖家都要给宝贝上架选个良辰吉时，这时就需要会做一个同类目TOP50甚至更多的宝贝下架时间表，通过避开爆款的下架时间给自己的宝贝选择一个能占据更多流量的时间点。

● "抢"大主播流量

这个技巧有一定的难度，大主播流量那么多，还能"抢"吗？确实可以的，类似于店铺运营里的宝贝上下架的思路，如果和爆款做同个宝贝，那么主播们就可以做一个事情——做相同的产品，然后比爆款便宜1毛钱。

前提是你必须满足以下条件：

（1）更高的图片点击率

这种条件分两种情况，一个是相类似的封面更高的点击率，另外一种是完全不一样的封面更高的点击率，不同的情况自己选，总而言之就是点击率高是王道，怎么做建议根据自身情况而定。

（2）更好的性价比

如果说价格战让人厌烦，那我们就说性价比。特别背靠工厂资源的直播间，寻求单品类优势，性价比这个东西是就会变得很有意思。如何选择合理的价格区间，并从竞争对手上争得资源，是各位主播们的一个挑战，但也是一个机遇。

（3）部分重叠的直播时段

因为直播时段流量分配受到大众影响，即使是将大主播作为参考标准都不一定准确，但是选择与大主播部分重叠时段是可取的，优选大主播直播到中后段，峰值达到顶峰后大盘相对稳定，而大部分直播间中后期都会有下滑的趋势的，这时候切入，如果有性价比高的竞品，那可以从大主播上"薅羊毛"成功的概率就会大很多，这要归功于目前直播的用户群高度重叠，大主播的流量一旦被你成功抢到，标签就会有相似推荐，未来你就可能得到更高的曝光率。

● 直播时间段选择

关注官方公布的高峰期，选择直播的时间起点我们有两种比较普遍的思维，一种是什么时候达到流量高峰什么时候播，一种什么时候最冷什么时候播；如果你是新主播，那建议你从最冷的时间开始播，每天6个小时算的话，每天的凌晨2点到8点，早上6点到12点，下午的6点到12点等这些"鸡肋"时间开播是比较好的选择，只要这个时间没有大主播和你在同个标签上，主播是会随着大盘流量上升的。

● 标签标记选择

标签那么多，大主播就那几个，要么避开大主播的标签，要么避开大主播的直播时段都是主流的玩法，如果你刚好碰上大主播上播的时间，那建议新主播们好好考虑要不要和大主播同标签。

换标签是实在没有办法的时候的做法，比如标签突然不见了。为直播有标签排名规则的，你在A标签直播的时间越长，数据越好，排名就会越高，但是这个排名仅限A标签，如果你明天换成B标签了，那权重是打折进入排名的，所以一般情况下主播都不愿意换标签。

如果你用的是季节性标签，那建议你到换季的时候要尽快安排好节奏，提前测试其他标签的流量，避免因为标签突然不见而选到了其他标签，特别是后置标签的流量实在可怜。

直播流量的选择技巧

私域启动拉新

● 站外拉新

通过外部社交平台和工具拉新，积极引入老粉丝关注实现冷启动。阿里创作者平台主要提供几种工具进行平台外拉新：

（1）直接复制链接分享，用户可直接点击链接进入主页（不适用于微信、QQ）。

操作流程：打开你的达人主页，右上角点击更多，点击分享账号，点击复制链接淘长图或当面扫码。

（2）二维码分享，用户可使用手机淘宝APP扫码进入主页。

操作流程：打开你的达人主页，右上角点击更多，点击分享账号，点击长图或当面扫码。

（3）跨平台快速分享，平台支持对主流平台的快速分享功能。

操作流程：打开你的直播间，右上角点击更多，点击分享账号，选择微信、QQ、微博、钉钉或支付宝（点击微信和QQ可直接生产淘口令，可复制后粘贴进微信、QQ分享）。

● 站内拉新

通过对店铺私域、微淘等渠道的预热，引导老粉丝访问直播间，提高直播间活跃度，进而获得更多公域曝光。

快速获取公域流量

● 直播看点

浮现渠道：正确使用"直播看点"功能的直播内容，将会被平台推荐到所见即所得模块和手淘主搜渠道，会获得更多公域流量曝光，吸引新粉丝观看和关注。其他更多公域流量渠道，正在陆续拓展中。（所见即所得模块是直播频道首页

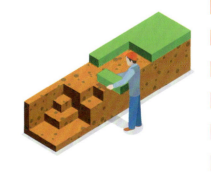

点击率最高的模块，看点宝贝主图里必须要有1张图为白底图）

● 直播权益外透

主播含商家通过中控台——权益投放设置的直播粉丝权益，会同步透出在直播间和直播内容流中，提高公域曝光转化率。

粉丝沉淀

积极设置"关注有礼"让用户沉淀为粉丝。注意一定要设置充足的福利哟，此乃增粉利器，一旦关注有礼消耗尽，也没有办法进入专区获得流量。具体方法：在PC中控台设置充足的粉丝福利：优惠券、红包、淘金币，并设置"领取条件"为"关注"，在直播过程中要不断引导消费者关注自己。

（1）商家设置优惠券时只能选取自己店铺的优惠券。

（2）达人设置优惠券时需要搜索店铺优惠券。

粉丝召回

积极保持高频固定时段节奏开播，让粉丝养成固定回访心智，建议每天开播至少2个小时。

（1）push浮现渠道

在中控台右方一栏点"我的直播"，然后在需要发推送的直播选择"进入中控台"，在下方的"互动面板"点击"粉丝推送"，粉丝有机会在手淘—消息—通知消息收到您的推送信息。

【注意】

①目前每天只支持发送1条消息（个性化推送给粉丝）；②只支持针对通过直播间或者直播账号页关注你的粉丝的推送（例如您的粉丝通过店铺关注您的，则该粉丝收不到直播推送，除非粉丝订阅您的直播预告）；③建议多引导粉丝订阅直播预告，加大粉丝收到您的推送消息的机会。

（2）内容订阅号

订阅号目前只开给站内外有粉丝影响力的优质内容型账号，根据不同的创作者层级匹配不同的每日订阅号推送条数上限。

（3）微淘

微淘是创作者进行粉丝召回的重要工具，根据不同创作者层级匹配不同的微淘每日推送条数上限

（4）粉丝群

创建主播的粉丝群，开播前在群内做预热互动。

参与守护主播计划

守护主播是通过激励粉丝分享传播，帮助主播吸引和沉淀更多新粉丝的一种创新玩法。频道首页入口：点击守护主播浮标即可。

商业化引流

对于积极通过超级推荐等引入更多新粉丝访问直播间的主播（含商家），平台给予对应的实时流量包奖励，即直播——直播流量宝计划，可以简单地理解为将有更多更大的机会在直播公域频道展示。具体规则如下：

（1）所有有直播浮现权限的主播和商家均可参考；

（2）平台将据主播通过超级推荐，在手淘首页、微淘广场页等手淘站内渠道（暂不包括直播频道广场页和粉丝头条）引导进直播间的有效流量给主播对应的实时流量包奖励。

需要注意的是如出现数据作弊等违规行为，淘宝直播将取消对应权益，同时依照相关规则进行处罚。

粉丝运营、维护和亲密度提升技巧

粉丝运营

将用户转化为粉丝，直播间转粉，从而粉丝高速增长。可以从两个方面进行：

（1）吸粉：可以通过公域流量曝光进行吸粉，比如加持粉丝推送或者朋友分享等，还可以在展现权重时展示店铺头图（比如最为表现翡翠特点的图片）。

（2）涨粉：通过六大"关注"驱动力在原有粉丝数量基础上再次增加新粉，包括事件驱动、兴趣驱动、地域驱动、荣誉驱动、关系驱动、利益驱动。

以关系米构建粉丝运营，以事件驱动升级为关系驱动，事件驱动相乘关系驱动，从粉丝需求出发关注粉丝从而推进利益驱动。

粉丝维护

以优质商品为出发点的粉丝体系为主，供应链体系从商品的高性价比（货好）、核心消费品（粉好）和高性价比（价好）出发，转化到以垂直领域的KOL成长体系为出发点的粉丝协同网络，比如设置粉丝矩阵（内容+流量）的形式从直播的粉丝话题、粉丝层特权和粉丝对话通道三者之间相互转化，从而形成粉丝矩阵。最后将粉丝窗口维护成粉丝体系，线上线下一起协同维护。

　　主播与粉丝之间的互动可以从热点话题、活动执行和粉丝群互动来增加粉丝黏性。粉丝维护最常见的是设置主播粉丝群，可分为三种，分别是基础群、高级群和VIP群。基础群可以在群内优先推送即将上新的宝贝，高级群可以在群内推荐劲爆商品作为重要粉丝的超级福利，则这个VIP核心铁粉丝群主要是第一时间通知铁粉对于主播的线下活动等。

粉丝亲密度提升

● 粉丝亲密度

　　粉丝亲密度是粉丝和主播之间互动的频率指数，为积累和转化粉丝，提高互动数值的利器。粉丝进入单个主播直播间，进行一系列行为后积累直播间积分值，达到一定亲密度分值可升级为不同的等级的主播粉丝。

　　积分越多，粉丝等级越高，享受权益越大。

对应等级	等级数量	分值区间
新粉	★★★	0~499
铁粉	★★★★	500~1499
钻粉	★★★★★	1500~14999
挚爱粉	★★★★★★	15000+

对应等级	等级数量	单个主播亲密度每日上限
新粉	★★★	200
铁粉	★★★★	300
钻粉	★★★★★	400
挚爱粉	★★★★★★	1000

所有等级明细：

等级	等级	亲密度起始数值
新粉	1	0
	2	150
	3	300
铁粉	1	500
	2	700
	3	900
	4	1200
钻粉	1	1500
	2	2500
	3	4000
	4	6000
	5	10000
挚爱	1	15000
	2	25000
	3	35000
	4	50000
	5	70000
	6	95000

● 亲密度加分规则

亲密度加分项	淘宝分值	淘宝直播APP分值
◎ 直播签到	+2分值	+4分值
⏱ 累计观看4分钟	+4分值	+8分值
⏱ 累计观看15分钟	+10分值	+20分值
⏱ 累计观看35分钟	+15分值	+30分值
⏱ 累计观看60分钟	+20分值	+40分值
✎ 关注主播	+10分值（仅限第一次关注）	+20分值（仅限第一次关注）
💬 发表评论	+4分值（单日上限5次）	+8分值（单日上限5次）
📤 分享直播间	+5分值（单日上限5次）	+10分值（单日上限5次）
👍 点赞满20次	+10分值（单日上限1次）	+20分值（单日上限1次）
📋 访问商品详情页	+5分值（单日上限1次）	+10分值（单日上限1次）
🛒 每购物达10元	+1分值（无限）	+1分值（无限）

● 设置亲密度玩法——每日任务

在后台确认开通玩法后，粉丝即可在直播间看到与当前主播的亲密度。入口会有提示粉丝通过完成"当日任务"来提升亲密度，点击入口在弹层上看到详细的亲密度说明以及详细任务说明。每个任务完成后，粉丝会收到相应的亲密度分值变换提示，建议可以在直播过程中可以对粉丝进行引导。

● 设置亲密度玩法——互动权益

创建好直播间后，正式开播时在PC端中控台进行相应的玩法设置，可以针对粉丝等级进行设置，也可以单个用户行为作为领取条。

翡翠直播技巧提升

（1）投放用户：选择铁粉、钻粉等不同等级用户派发不同力度权益（如铁粉才可以领取的红包）。

（2）领取条件设置：选择"领取条件"可看到用户所有行为项目，根据行为项目设置不同福利策略（如观看5分钟才可以领取的优惠券等）。

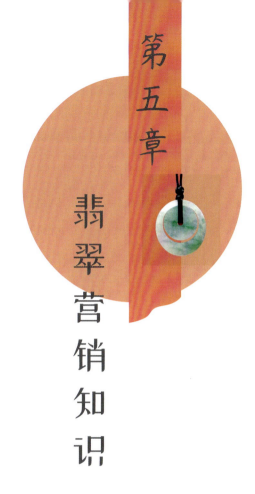

第五章

翡翠营销知识

 翡翠的拍摄技巧

构图

· 把主题放在正中间并不是很高级的拍摄方法。

· 画面撑得太满，会让人觉得透不过气。

· 不要太杂乱，突出主题才是王道。

· 好的创意是无价的。

光线

· 拍摄翡翠，无论是拍照还是视频直播看翡翠，最好使用自然光，不在阳光直射下，也不在特别暗的环境中拍摄。

· 要注意拍摄时不能使用强光，也不能逆光，使用强光拍摄可能会使翡翠的颜色失真，逆光拍摄没办法拍出翡翠实物的真实颜色和材质质地。

· 拍摄翡翠最忌讳的是使用闪光灯，闪光灯无论什么情况都不建议使用。

· 柔和而明朗的光线，是拍出好照片的必备条件之一。

· 拍水头好的翡翠，最好让大家看到它的透。

背景

背景的加成效果，有时甚至超过翡翠本身的视觉性质。举个例子：一块翡翠，放在高档的柜台里，可以卖到十万；要是把它放到地摊儿上，估计1000块都没人要。这就是背景的作用。

在直播营销开始前，可以视主播的个体情况来选取、布置背景。

（1）有翡翠加工工厂或翡翠实体销售店铺、柜台的，可以考虑依托工厂或店铺打造直播背景，这种极具真实感的场景能让直播间的访客增加对主播的信任，并留下"一手货源，无中间商赚差价"的完美的第一印象。当然，选取这种背景也意味着要考虑更多的环境因素：空旷空间的收音问题、嘈杂的背景声、人来人往的杂乱以及其他的不可控因素。

（2）打造独具特色的个性直播背景。背景的设计和布置并不是越个性越好，应在符合翡翠文化韵味的基础上，力求彰显主播的品位和风格。值得一提的是，背景始终不是直播的重点，不能太花哨而喧宾夺主。

直播背景布置妥当之后，别忘了为即将登场的商品主角——翡翠也找一个合适的背景，可以从以下要点考虑布置：

①背景要有内涵，最好能体现一些文化气息；

②简约是背景的主旋律；

③背景颜色要和翡翠主体的颜色有明显区别；

④画面中最好摆放参照物或尺子。这样可以让直播间的访客对主播推荐商品的大小、尺寸有一个很直观的印象，还可以通过观察背景、参照物的偏光、偏色程度，从而对翡翠的偏光、偏色程度进行判断。

上手视频和上身视频

翡翠放在柜台里、桌子上、首饰盒中，都仅仅只是一件饰品，一旦拿出来戴在手上、身上，就会变得有活力，变得灵动起来，尤其在美好事物的衬托下，会变得更美。

因此，翡翠上手、上身时候的照片、视频是最能体现翡翠价值、最能刺激顾客下单的，同时也是特别考验主播拍摄技法和表现技巧的重要时刻。拍摄这类照片和视频特别有讲究：

（1）拍上手照片、视频：最好是选择年轻女性的手，手指纤长灵巧，皮肤光滑细腻白皙，手势优美大方、自然放松，不抖手，不乱动。特别注意手部干净整洁，指甲内无污垢，不留长指甲，不做夸张的美甲。

（2）拍上身照片、视频：翡翠饰品和衣服必须搭配协调，可以根据本次将要直播推荐的大部分翡翠货品的风格、颜色来选择服装、发型。如果是比较传统的翡翠款式，中式的传统服饰，如长衫、汉服、旗袍等是比较不错的选择，能突出东方女性独有的韵味与柔美。如果要推荐的是设计感比较强的翡翠，可以考虑选择礼服、裙装等来搭配，突出饰品的时尚与潮流。

（3）请务必注意一点，无论是上手视频还是上身视频，翡翠才是拍摄的主体，其他的都是配角，切记不能喧宾夺主。

拍摄器材和拍摄技巧

就拍摄翡翠来说，最理想的拍照设备是单反相机外加微距镜头，视频拍摄是专业摄像机。但在翡翠直播营销过程中，主播们通常使用的设备是手机，即使是拍摄性能比较好的手机拍摄翡翠，拍摄难度依然存在。所以这就对主播的拍摄技巧有一定的要求。

（1）翡翠货品的宣传照片和预告视频，应该尽量在条件允许范围内选择专业器材拍摄。直播的时候再使用手机拍摄。直播时，最重要的是手机一定要稳，画面才不会晃动，可以使用手机支架。

（2）手机拍摄翡翠一样可以拍出不错的效果，前提是需要好的光线条件（再次重复，千万不要用闪光灯），如果手机支持拍摄4K视频，拍摄时选择录像分辨率为4K。为了让拍摄出来的翡翠清晰，焦距不要拉得太大，需要转动货品拍摄时，手要稳，转动动作尽量要慢。

（3）拿、放翡翠商品时，一定要注意轻拿轻放，避免磕碰。

（4）要学会找翡翠拍摄角度，并学会对焦。

（5）看一些摄影和绘画方面的书籍。

 ## 主播商机把握

把握商机，核心是把握顾客。网络主播既要掌握实体店销售的顾客接待技巧，又要注意掌握一些线上技巧来进行顾客开发。在直播开始时，主播要在讲解的同时实时关注直播间的在线情况，通过系统提示、弹幕评论挖掘潜在客户。对于提问有针对性的顾客，做好接待服务。

把握顾客，需从了解顾客开始。

顾客基本类型

● 闲逛欣赏型

此类顾客购买意图不明显，他们一般是闲逛、浏览，偶尔询问。这类顾客有潜在消费可能，不管他们当下买与不买，主播都应该热情接待，给他们留下好的印象。

● 冲动购买型

此类顾客一般会通过大量提问来表现购买意图，有冲动购买的可能性。接待此类顾客主播应机敏灵活、仔细观察、抓住需求、推荐推销。

● 目标明确型

此类顾客在进直播间之前已有所打算，对购买的种类、款式、品质、价格初步有了决定。因此，只要达到他的期望值，就能迅速成交。接待好此类顾客，他们还会再带新的顾客进店。

顾客心理分类

● 理智型

理智型顾客一般懂珠宝翡翠，他们凭知识挑选，在整个购买过程中比较冷静。主播应在知识和行情上与之交谈。

● 冲动型

冲动型顾客，其喜恶、关注点都易在互动中显露，他们往往不懂翡翠，购买时容易受主播诱导。

● 经济型

经济型顾客，多以价格作为是否购买的主要决定条件，丝毫不让地与你进行讨价还价。主播要在翡翠的品质方面与之周旋。

● 疑虑型

疑虑型顾客，对翡翠一般是一知半解，挑选小心翼翼，疑虑不断，多有担心，即使当时成交了，过后还有退货的可能。

主播的五个着力点

主播接待客户是一门技术活，毕竟在网上接待顾客，大家没有面对面，看不到对方的面部表情，仅凭语言，很难揣摩对方的想法，所以作为在线营销主播，可以大致从客户的一些零碎的、稀少的信息做一个大致的揣测。

主播可根据顾客头像、ID名称、评论文字风格、内容来初步推测顾客的大致信息，可能的话，通过连麦等掌握更多重要的信息。主播要尽力了解的顾客信息，大致有：性别、年龄层次、性格、财力、文化、气质等方面。具体来说，可以从以下几个方面揣摩顾客信息。

·揣摩头像。顾客有没有头像，有的话是系统头像还是自定义头像。头像是人物还是其他，是人物的话是男是女，年龄如何？是其他的话，是简单的还是复杂的？风格又是怎么样的？是复古的或是潮流的还是写实的？

·揣摩昵称。顾客的用户昵称是怎样的，是一串毫无意义的字母加数字还是特定意义的各类文字？若是文字那又是什么文种？还可以从文字内容来看，揣摩顾客的性别、个性、风格、偏好等。

·揣摩弹幕和评论。可以从弹幕和评论语言中揣摩一些信息，如根据发评论和弹幕的语气，揣摩他是急性子还是慢性子？对哪种货品感兴趣？关注的重点是什么？文化水平高不高？使用的措辞是什么风格的？性格外露还是内敛？提问时是认真的还是随便的？顾客询问是急切还是舒缓？个人的气质大概又是什么样子的？

当然这些揣摩和分析是经验性的东西，仁者见仁，智者见智，平时可多观察积累，时间长了就能根据经验积累很快做出自己的判断了。

根据揣摩和分析，分析顾客类型，估计其购买的可能性，有针对性地对顾客进行试探性询问，例如：主播可询问："您喜欢翡翠手镯吗？喜欢哪种款式？"并根据顾客在弹幕和留言区的反馈，进行下一步推荐或调整推荐其他种类。顾客如果没有反馈主播可继续往下进行下一个推荐。如果顾客询问："有没有水色稍好一点的。"这说明顾客的购买欲望已经开始萌发了，主播就要抓住机会，推荐适合的翡翠货品，随即进行商品展示，在展示中，把顾客购买此件手镯将得到的利益充分说明，以尽快促进成交。

当掌握了顾客的一些信息后，主播可以根据特定顾客群体展开营销，可以从以下五个方面着力：

● 帮助联想

当顾客对某件货品感兴趣时，主播可根据顾客的文化、气质、性格等重要信息，帮助联想。例如，主播可以说："如果姑娘皮肤白皙，这种贵妃镯戴起来一定漂亮。"除此之外，主播还要给予其他帮助。

● 激发购买欲望

在顾客对联想产生兴趣时，主播就要从顾客的关注点出发，帮助其确立一种占有商品的欲望。

● 增强信任

主播热情周到的服务会给顾客留下好的印象，不经意间会流露出内心真实的想法和情绪，主播要抓住这个时机，进一步增强顾客对自己的信任，使顾客完全解除顾虑。

翡翠营销知识

123

● 促使决定

顾客经过比较，包括价格、品质、服务等等的比较，一般会对购买有个较为明朗的态度。如果顾客还有所犹豫，主播就要从顾客将得到的好处、价值等方面，进一步说服顾客，促进成交。

主播适时地投放优惠券、平台红包、淘金币等权益，也能有效促成顾客的购买。

● 等待反馈

由于市场大、竞争激烈，消费者购买以后，还可能会出现被人撬合，易购他店商品而来退货的情况，主播要有思想准备，并有一段时间的反馈等待。有经验的主播会在销售时，尽量做好工作，打牢顾客对商品始终不二的思想基础，以防止"第三者"插足。

主播接待技巧

不愿主动与陌生人接触，这是一般人的正常心态。然而，主播的职业要求，必须一反常态，积极、热情、主动地与大量陌生的顾客接触。主播一定要按预告时间愉快地出场准时开始直播。主播给顾客的第一印象应是：端庄大方、神清气爽、满腔热情、诚恳实在，从第一声打招呼开始，慢慢亲近顾客，营造好全程气氛。

推荐商品、接待客户是主播的主要工作，也是最重要的工作。在与客户的沟通过程中，主播要及时获取客户需求，从而进行精准推荐，最终促成订单。

● 迎接问好，及时回复

迎接问好是直播主播在接待顾客时的第一个工作流程。可能会有一部分客服认为，迎接问好就是简单地打招呼，非常容易做到，然而，在网络销售中，迎接问好却有着很深的学问。

当顾客评论或发弹幕咨询时，主播先来一句："我看到网友×××向我提问：××××××××。您好，很高兴为您解答，您提的这个问题真的很关键，……"诚心诚意，让客户有一种亲切的感觉。切记不能只回复简单的"是"或"不是"，让客户感觉你很忙，根本没空理他，太冷漠了。也不能客户问一句，你答一句，可以回答后再多介绍一些相关方面的知识。可以运用幽默的话语、动态表情来增添互动的气氛，让客户感受到主播的热情和亲切，增加对店铺的好感，这对促成交易有很大的帮助。

要在客户前来咨询的第一时间回复客户，因为客户买东西都会货比三家，可能会同时跟几家联系，这时候谁第一时间回复，谁就占了先机。在迎接问好的过程中，回复时间的快慢将会直接决定客户停留与否。如果因为主播长时间不能回应而使得客户被迫另选主播，那么，无论客户的来源是否涉及推广成本，对于一家网店来说，都是很大的损失。

在迎接问好阶段还要强调一下二次问候。客户很可能同时咨询多个主播，或者因为工作忙而没能及时注意到主播回复，这时主播不能"坐以待毙"，而是应该主动进行二次问候。二次问候不再是简单的"你是谁""在不在"这样的话语，而应该起到友好提醒和引导式作用，让顾客再次与我们沟通。

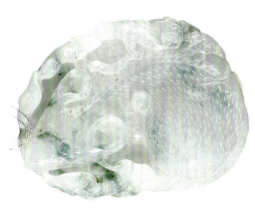

 解答疑问

无论是在实体店销售还是在网络直播销售的过程中，顾客都会对商品及服务提出疑问，这些疑问无法避免，主播要做的就是打消顾客的疑虑，解决顾客的问题。顾客只能通过文字表述来提出、表达自己的疑问，这不仅需要主播对客户提出的疑问进行仔细辨识、一一详细解答，回答力求最正确、有效，而且需要对提出的问题进行扩展，积极介绍与问题相关的更多知识，这就需要主播对商品、物流等相关信息有全面的认知和了解。

成功的营销主播会对顾客做到有问必答，并在解答顾客所提出的疑问时顺势做一定的引导，同时也可以从客户提出的疑问中听出客户内心里的其他想法。

【温馨提示】
下面是常见的解答疑问语言。
"我们的翡翠品质有保证，全部是A货，都附带着证书，请放心购买！"
"我们的翡翠都是一手货源，依托工厂，性价比超高，而且小店已加入假一赔十、7天无条件退换货等服务，所以您尽可放心购买。"
"您好，请放心，我们的产品质量是有保证的，我们的承诺是到货一周内无理由包退换。"

顾客在直播中咨询，作为主播第一时间响应，及时地回复顾客咨询的问题，这种行为是尊重顾客的一种体现，同样顾客感受到自己被尊重了，也会以信任回报我们，这样就无形当中提升了店铺的转化率。

我们经常讲"顾客是上帝"，那么就要付出实际行动去服务好客户才能体现客户是上帝这个硬道理。前面讲到，主播回复顾客后，顾客没有反应，那么就要进行

125

第二次的问候，这个至关重要，主播可以通过第二次问候和自己的其他贴心服务，让没有下单的客户下单，让没有付款的客户付款，让犹豫不决的客户选择你。及时地解答顾客的疑问，准确地掌握顾客心里所想，成功地推荐顾客所需要的，正确地引导顾客下单，提高店铺的转化率才是主播真正要做的事情。

在直播间，不管在线人数多少，不论观众表现如何，不管顾客是买还是不买，必与之互动交流，具体来说，交流的时候要注意以下几点：

运用礼貌语进行交流

作为线上营销主播，在网络上接待顾客，必须用礼貌的语言，毕竟在网络世界，主播和客户无法面对面交流，那么就要特别注意交流用语，语言就是联系主播和顾客的特殊纽带，语言用不好，会导致主播的生意做不好。

（1）当有顾客进入直播间或有顾客和主播打招呼时，主播应主动热情回应，可点头示意："欢迎×××进入房间""您好"，必要时，可与之寒暄几句。

（2）当顾客在直播间主动发出询问消息提问时，这说明他对货品已经感兴趣了，主播应对客户的疑问和咨询问题给予及时的回复，这也是营销过程中最基本的礼貌。不要让顾客等半天都没有任何回应，这样可能会让客户不高兴，从而放弃这笔生意。除此之外，主播还应该紧扣顾客的提问，自然大方，热情地向顾客介绍更多的知识。

（3）在接待顾客的过程中，主播还要特别注意一点就是要尊重客户。尊重别人，才能得到别人的尊重，客户在找生意伙伴时，肯定是很期待得到别人的尊重，假如遇到一个不尊重别人的人，一定不会愿意和他交流，更别谈合作了。

（4）当顾客与主播进行互动交流时，主播要开诚布公，坦荡无私地与之沟通，沟通时主播一定要注意围绕主题，不要偏题，更不要和主题"相隔万里"，这样不利于达成生意合作，更有甚者会引起客户的反感。同时，也要注意语言的简洁性，相信无论是谁，都不喜欢听长篇大论，对于顾客来说更是如此，大家都喜欢言简意赅、直奔主题的交流，语言精简又能及时切合主题，节约时间精力，以免让大家产生语言疲劳和视觉疲劳。

（5）主播在网上接待顾客时，还必须注意一个问题，那就是在回答客户的问题时一定要有耐心，千万不要因为客户的问题多而不耐烦，甚至觉得客户很烦人，假如主播有这种心态，那相信他一定会失去这个客户。

（6）主播还可适时运用体态语进行表达，体态语有直观性、伴随性和亲和性的特点，如果运用得好，会更有利于商品销售。

目光语和微笑语的运用

● 目光语

人们通过眼神、目光来传达信息，表露情感。眼睛是心灵的窗口，不同的目光，反映不同的信息。明澈、坦荡和执着的目光是人开朗、正直和无私的表现。用这种眼神和目光做直播，可以很快拉近和观众的距离，容易获得观众的信任。而紧锁的眉头，冷淡的目光，似乎是在拒人于千里之外。最好的目光是喜切动人的目光，它能把好感直接传到观众心底，较易获得观众信赖。

主播的目光切忌：空目无神、麻木呆滞、游移不定。

● 微笑语

俗话说，"伸手不打笑脸人"，温馨的微笑，就像在人的心灵上洒下一片阳光，是人际交往中的润滑剂，是人类最好的交流语，微笑缩短距离，表达真心，让人亲近。微笑是沟通感情的兴奋剂，是彼此交流首发的一张名片，可以打破僵局，可以卸下防备，可以作为初次接触的一份厚重的见面礼。主播随时以微笑示人，不仅使人感到他外表灿烂，更能使人觉得他内心格外美好。微笑是一种无形资产，它蕴藏着商机。主播应该把笑意写在脸上，从直播开始一直到直播结束，随时保持微笑服务。发自内心的微笑，应是口到、眼到、心到、意到、神到和情到的自然流露。主播切忌"铁板脸""苦瓜脸"和"丧嘴脸"。

不同阶段的规范用语

（1）迎接时，目光热情友好，"您好，欢迎进入直播间"。

（2）互动时，如遇多个顾客同时提问，主播对不能及时回答的顾客，应致歉意："对不起，请稍等。"接待了一会儿，还要再致歉意："对不起，让您久等了。"主播在给顾客带来麻烦时应说："对不起，给您带来麻烦了。"当顾客向主播致谢时，主播应说："这是我应该做的。"

（3）为顾客推荐翡翠时，如果向顾客推荐了很多件，顾客仍不满意时，主播应说："如果您看不中，我再帮您挑选一下。"挑选后仍看不中时，主播应说："这次很抱歉，我这两天专门帮您留意一下，希望您过两天再来看看"，主播接受顾客吩咐时应说："明白了，请放心。"主播应接待完当前顾客再结束直播，如果主播接待某位顾客很长时间了，顾客还在询问和挑选，主播应说："请别着急，慢慢挑。"顾客决定购买时，主播应说："您真有眼光。"

（4）结束直播时，主播应说："希望明天还能见到大家。"

（5）当顾客对主播服务工作提出批评时，主播应态度诚恳地说："请您多多包涵，我们一定改进。"

除阶段用语外，主播在向顾客推荐货品时使用的语言也很重要，主播说话，要亲切、诚恳、准确、鲜明、生动。语调要不高不低，语速要不快不慢；话既不能少，也不能太多；讲话既要通俗易懂，又要带有专业性；既要讲到顾客心里，又要引导顾客参与提问；用语要雅而不俗，浅而不粗。

主播要讲求用语艺术

● 少用模糊词语

"可能""或许""大概""差不多"，会引发顾客怀疑，动摇顾客的购买决心。

● 少用否定句式

当顾客问："你们有大圈口手镯吗？"如果主播回答"没有，我们不卖这种手镯。"这种回答至少会给顾客三点不好的印象：一是顿遭拒绝；二是自讨没趣；三是这店也不怎么样。

● 少下判断

顾客在为几件中意的货品选择征求意见时，主播应该说："我觉得这件好，您觉得呢？"然后让顾客自己说："我决定买这件。"这种情形容易让顾客产生"我选的"满足感。

● 使用尊重语气

"你很适合戴这只手镯"，语气既粗，又不尊重，如改为"很适合您，不是吗？"语气把顾客作为中心，既肯定了货品的优点，又再次征询了对方意见，尊重、谦逊溢于言表。

● 多用赞美语

主播在顾客选中好的货品时，要赞美："您的艺术欣赏水平真的很高。"

主播对顾客说话要有六性

● 真诚性

心怀诚意，是主播与顾客讲话的前提。推心置腹，以诚相见，才会使气氛融洽，诚意是打开顾客心灵的钥匙。

● 针对性

货品不同，顾客不同，讲解、回答不能千篇一律，要按当时的具体情景，做到因人而异，有的放矢，恰到好处。

● 客观性

说话要按照翡翠的本来面目，实事求是，恰如其分，不要文过饰非，不要夸大其词，不要为了单纯地追求成交而任意地添枝加叶，不要不着边际地胡乱吹嘘货品的优点。

● 逻辑性

主播的语言应具有逻辑性，讲话应该条理清楚、层次分明、重点突出，不要语无伦次、东拉西扯。

● 知识性

主播的语言必须具备知识性，翡翠专业知识是帮助顾客认识和了解翡翠的基础，专业性语言能够增加顾客对主播的信任。

● 形象性

主播说话要尽量形象、具体、生动，让顾客通过主播的产品介绍和相关知识的普及，很快了解翡翠的具体特性和翡翠的市场信息。

对熟悉的或性格开朗的顾客，主播不妨与之寒暄一番，俗话说，"生意从寒暄开始"，得体的寒暄，会使气氛变得更为融洽，更有利于促进成交。经常使用的寒暄语是：

【温馨提示】

初次见面说"久仰"，分别重逢说"久违"。

征求意见说"请教"，求人帮忙说"劳驾"。

麻烦别人说"打扰"，向人祝贺说"恭喜。"

求人解答说"请问"，请人指点说"赐教"。

托人办事说"拜托"，赞人见解用"高见"。

看望别人用"拜访"，宾客来到用"光临"。

送客出门用"慢走"，与客道别说"再来"。

陪伴朋友用"奉陪"，中途先走说"失陪"。

等候客人用"恭候"，请人勿送叫"留步"。

欢迎购买叫"光顾"，归还原主叫"奉还"。

自称礼轻叫"薄礼"，老人年龄叫"高寿"。

自己家庭叫"寒舍"，对方家庭叫"府上"。

问到姓氏叫"贵姓"，问到姓名叫"大名"。

对方妻子称"夫人"，对方父亲叫"令尊"。

翡翠营销知识

129

在直播营销过程中，主播禁止使用下列语言：

"要什么？"

"到底要不要？"

"问了这么多，都该差不多了，想买不想买？"

"有比这个好的，就是价格也比这个贵。"

"嫌贵？去别家看看。"

"没有。"

"卖完了。"

"你刚买，怎么又要退？"

"你自己挑的，还有哪点不好？"

"不可能出现这样的问题，肯定不是我们的原因。"

"这个价位，当然就是这个质量了。"

还有，主播在应对一些观众的过激言辞和挑衅时，应理智对待。

当主播遇到情绪非常激动，直播弹幕的措辞也非常过激的观众时，应理智对待，不和观众发生激烈的言语冲突，应心平气和地和观众沟通，不被激怒。当个别观众言辞过于粗俗时，可针对该观众启用禁言功能。千万不能出现主播和观众互骂的情况，这样会导致场面混乱失控。对主播的影响也不好，严重时主播还会被封号。

主播要正确处理好四种矛盾

● 热情直播与顾客冷淡的矛盾

主播满脸微笑地开始直播，不厌其烦地热情讲解，然而观众的反应冷漠、傲慢甚至否定。遇到这种情况，主播应调整好自己的情绪，在包容和理解顾客的同时，思考和检查一下自己的热情服务，在分寸的掌握上是否得当，自己的讲解是否切合顾客需求，是否能吸引到顾客。顾客最渴望得到的是主动热情，而过分的主动热情，难免会让刚进入直播间的顾客一时适应不了。揣摩和掌握好热情服务的"火候"，是一门学问，主播要在实践中不断地提高自己的服务水平。

● 周到服务与生意不成的矛盾

主播尽心地讲解，周到地接待顾客，顾客也反复地进行了咨询，但最终还是不能成交。面对这种情况，主播会感到恼火，情绪有些沮丧，顾客也会迅速地离开直播间。这时，主播要调整自己的心态，考虑到翡翠是一种高档商品，顾客花很多钱购买商品，应该多看看、反复比较、仔细掂量，这也是顾客学习和体验翡翠的一个过程，这个过程不在本店进行，也会在别的店进行。此次服务至少会让顾客实际感受到主播们的热情与周到。

●反复挑选与尽快成交的矛盾

主播花很长时间，放弃接待其他客人的机会，而接待的顾客，进行了反复挑选，就是决定不下来，最后不了了之。这时，主播要想得开，来店顾客的情况各有不同，不是每次每位顾客都能迅速成交。要多理解顾客希望买最好的、最满意的翡翠的心情，多体谅他们赚钱消费的不容易。顾客反复挑选是正常的，不购买也是他们的一种正当权利。自始至终对他们表示出一种应有的尊重和热情。如果顾客连商品看都懒得看，成交也就根本失去了希望。希望快速成交，这是主播的美好愿望，但买卖不是一厢情愿的事情。事实上，大多数顾客对主播的劳动付出也是心怀感激之情的，他们在行将离开房间时，都会表示出歉意："不好意思，麻烦你这么长时间了。"除了有可能折返购买外，有的以后还会再次光顾该主播的直播间。服务是诚恳的，接待是周到的。"买卖不成情义在"，这也是顾客花了时间，给了我一次锻炼的机会。再说，受到接待的顾客，对别的店的商品和服务进行比较之后，很可能还会再次返回本店来购买。

●期望值很高与购买很少的矛盾

主播殷勤周到地接待顾客，真心实意地服务"财神爷"，往往期望顾客不仅能购买，而且能开大单，以求得到更多的回报。最后的结果是顾客买的是少量低档商品。这时，主播可能会出现两种不同的表现：一种是始终热情接待，买卖不成情义在，高高兴兴送走客人；另一种是顿时表现出不耐烦的态度，有的还会对顾客表露出鄙夷不屑的语言。前一种做法是对的，应该坚持；后一种做法是错的，应该摒弃，因为它将严重损害主播形象，也将损害主播自身的利益。主播要充分认识商业服务中"急功近利"做法的危害性，它会导致顾客纷纷离去。在直播间里，不管买多买少，买与不买，都是顾客，都应同样受到尊重，怠慢了买低价位的一个顾客，直播间的每位顾客都会看到，有可能导致一大群顾客感到不快，其中可能包括已购买或可能购买高价位商品的顾客。

主播讲解技巧

主播主要靠语言与顾客沟通交流，语言表达直接影响主播形象、主播效益，受到最直接影响的就是主播的收入。"话到钱来"，首先要有话，怎么说话，这就有技巧在里边。不同的说法，有不同的效果。用话激发顾客购买，这就形成了讲解。主播的讲解，首先是要表达对顾客的一份尊重，一份关怀，一份情意，一份文化，一份信息，一份期待。讲解要有针对性，要讲顾客最需要、最爱听、最听得进去，对主播有利、对本身有益的东西。"话不投机半句多"，顾客给了你"机"，你要准确地"投"，既要有灌篮高手的必胜信念，又要有评书演员的娓娓动听，还要对顾客体贴入微。投准了，钱才会来。

●针对顾客需求讲解

在无法与顾客见面的虚拟接触中，主播应该把握顾客的需求，有侧重地"投其所好"。例如，顾客："我想买只手镯，但这只价格太贵了。"主播："是的，你说得对，这价格不低。但一分钱，一分货，它的质量非常好。像这样的品质，不仅佩戴显得高雅，而且可以用作投资保值"。这种讲解，既照顾顾客心情，尊重顾客，又坚持了珠宝高贵品质，货真价实。

●兼顾顾客个性讲解

顾客的年龄有大小，性别有不同，性格有差别，文化有高低，兴趣有偏重，审美有雅俗，经济有好坏。主播要揣摩、挖掘顾客多方面信息，针对顾客个性，讲解其最感兴趣的翡翠话题。千篇一律，老少一句，是讲解的大忌。

●交谈式讲解

主播围绕成交主题，可就顾客感兴趣的话题与之进行互动交流。交流中，要尽量让顾客透露他的购买意图，以便及时引导。还要随时注意顾客的情绪变化，哪怕顾客微露一丝不耐烦，就要立即停止推荐，引导顾客多表达。主播在表述中，间隔一般不要太长，要尽量避免"不知道""嗯""大概""差不多""可能"等口头禅。否则，会让顾客认为你素质不高、业务不熟，以人迁物，对你所售的货物也会产生怀疑。

●赞美讲解

恰如其分地对顾客进行赞美。赞美要从翡翠提高气质，饰品伴靓人生方面说，不能只说"好看""不错""合适""可以""还行"的简单词，讲不到翡翠点上，提升不到珠宝档次，会减弱顾客对商品的信任。

●顾问式讲解

顾客无论是自己买，还是帮别人购买，有时候，总会因这样那样原因而一时下不了决心。这时，主播要将心比心，换一个角度，站在顾客的立场上，耐心细致，仔细询问，想顾客之所想，当顾客的顾问。即使不成交，也要给顾客留下服务上乘的美好印象，以后想买，一定会把你当作他的首选。

●从低到高讲解

有的顾客初次接触翡翠，对这种高档商品缺乏了解，看的多，问的少，买的更少。主播怎样提高成交率？应该采取从低档向高档，逐步过渡的方法，对顾客耐心细致地进行讲解。让顾客明白"一分钱一分货"，翡翠不是普通商品的道理，然后再给他讲翡翠是硬通货、是家当、是钱财的一种储备。翡翠不但不会贬值，而且还有很大的升值空间。即使此次不成交，以后他定会首选你的商品消费，功夫不负苦心人。

● 建议购买讲解

当顾客处于买与不买的权衡之时，主播要坚信自己所售的商品，会给顾客带来好处，及时采用建议购买的方法，让顾客买下。新手主播对建议购买，有时显得勉强和不好意思，这是自信心不足的表现。主播在提高自信心的同时，要多多研习翡翠文化，把翡翠的美讲深讲透，让顾客感到所购货品对得起所付出的金钱。

● 先贬后褒讲解

完美的翡翠极少，即使优点和缺点同时存在，优点也是主要的。主播要把握住主要的，实事求是地把存在的瑕疵告诉顾客，以取得消费者的信任。在讲解时，要按照先缺点后优点的顺序进行，如"这只手镯，虽有一点瑕疵，但水头和颜色都不错。"给人的感觉重点是手镯的透明度和色彩都很好，这叫"避轻就重"。如果调过来，"这只手镯，虽水头和颜色不错，但有一点瑕疵。"给人的感觉，似乎瑕疵太重，不是细微的一点点，而是粗实的一大团，这叫"避重就轻"。同一件翡翠的优点和缺点，在不同的人的眼中有不同的看法。主播应该站在专业的水平线上，以先贬后褒的方法，对顾客进行比较有效地讲解。

● 即兴发挥讲解

对消费者来说，最感兴趣的是，面前的货好在哪里，有什么用处？直接利益是什么？即兴回答使他满意，销售也就成功了。

翡翠那么美，只要倾心注意，总会找得到你要讲解的好处。讲解要实事求是，恰到好处，不要夸张，不要言过其实。翡翠可以把玩，但绝对不是随心所欲的任人摆布的玩物。

● 对比叙述讲解

当顾客对货品产生疑问尚不确定购买时，主播可采用对比叙述方法讲解，阐明货品的特性和用途。例如：顾客："这翡翠是A货吗？"主播："是A货。"如果换一种叙述方式：顾客："这翡翠是A货吗？"主播："这当然是A货了，你看'翠性'强，光泽亮丽，声音清脆（轻敲）B货'翠性'不明显，光泽度弱，声音沉闷。"前者，主播的回答虽然正确，但过于简单，不足以说服顾客；后者，主播采用对比叙述，从多方面阐述了A货和B货的区别，理由充分，说理具体，让顾客感到确实是真货。在主播的启发诱导之下，顾客会心悦诚服地买下。

● 发问讲解

主播在向顾客发问时，要学会设计问题，尽量避免让顾客在"是"与"不是"，"买"与"不买"之间选择答案。主播提问应当让顾客感到不是要不要买的问题，而是从中买哪一件的问题。例如，第一种问，主播："你买手镯吗？"顾客："不买，看看。"主播不再说话，顾客不再发言或直接离开直播间。第二种问，主播："你喜欢手镯吗？喜欢圆镯还是扁镯？"顾客："我不知道哪种好。"主播："你可以看一下，扁镯漂亮，是新款式。"顾客开始比较和提问。第一种问法，主播强调了"买"与"不买"，顾客回答"不买"时，主播不能用其他话语留住顾客，对话自然结束。第二种问法，主播用"喜欢"代替了"买"，同时提出"圆镯""扁镯"两种货供顾客选择，无形之中，让顾客从"买"与"不买"的思考中走了出来，转向联想，想象自己是戴圆镯好，还是戴扁镯好。在选择性提问中，调动了顾客对自身需求的确认，从更深一个层次引发了顾客的购买欲望。

● 强调顾客利益讲解

顾客购买商品，不仅会考虑价格，而且还会考虑获得某种利益。因此，主播讲解时要有意地淡化价格，突出顾客利益。例如，顾客："这手镯还可以，就是色差了一点，还有色多一点的吗？"主播："有，就是要贵一点。"主播强调了"贵"。可能给顾客的印象是：贵，不一定买得起，有些小看自己。如果换一种讲法：顾客："这手镯还可以，就是色差了一点，还有色多一点的吗？"主播："有，请稍等，我拿出来，您注意看直播视频。"顾客（看完）："多少钱？"主播："色多，比那只更好得多了，您还是在行的嘛。价钱是……"顾客："就是贵了点。"主播："这只戴上气质高雅，家里人和单位的同事保证夸奖不错。价钱虽然贵一些，但很值！"主播在夸奖顾客的同时，把顾客的思想引导到受人赞誉和利益很值上面，淡化了价格，强调了品质，比第一种讲解更容易成交，而且是价位更高的成交。

● 针对客贬低讲解

顾客挑选商品难免有诸多的"吹毛求疵"，一是表示自己有眼力；二是为要求降价找借口；三是嫌贵不肯出钱。主播应换位思考，理解顾客，顺应顾客的口气，以亲切和蔼的态度，有理有据地对顾客讲解货品、价位的合理性，坚持自己直播间的信誉立场，以增强顾客的购买信心。

● 情感共鸣讲解

情感是维系人与人之间关系的纽带，在商品社会中还是销售过程中的润滑剂，是强化顾客关系不可缺少的"玫瑰"，情感比理性本身更容易赢得消费者的"芳心"。只有与消费者"谈恋爱"，才能让商品产生"情感魔力"，将"情感"作为卖点，翡翠具有天然优势。一是货品本身具有情感，二是人应该对它注入情感。两种情感交织建立起来的货品个性，更能满足消费者的物质享受和精神追求，更能激发消费者的消费欲望和购买信心。翡翠是物质与精神的结合物，主播讲解的空间比任何货品都大，推销的理由比任何货品都多。

 主播挑选技巧

帮顾客挑选，实际是帮自己更可能地成交，因为顾客是主播薪水的来源。要讲到顾客的心坎上，让顾客心满意足，主播就需要讲求挑选技巧。

挑选翡翠要掌握三个原则

● 量力性原则

翡翠是一种高档消费品，低到百十元，高到上百万上千万元，价位高低的选择，要上下掂量、左右周全，考虑近期、中期、长期效益。在顾客经济能力所能承受的范围之内进行挑选，既不能急功近利，也不能贪大求全，要量力而行。

● 身份性原则

翡翠是一种高档装饰品，地位不同、职业不同、身份不同、年龄不同、需要不同、目的不同，在翡翠质地、色彩、大小、款式和档次的选择上，应该有所不同。要尽量贴近顾客的实际，尽量适合顾客的身份，一次性投资，恰如其分最好。

● 长效性原则

翡翠可当硬通货使用，可以用作收藏投资，可以当作家当储存，可以看作财产保值增值。由于翡翠资源的稀缺性和不可再生性，从长远考虑，购买翡翠不但不会贬值，反而还会升值。如果顾客经济条件好，应尽量帮其挑选好品。

具体挑选需要注意

● 手镯

需要注意六点：

（1）整体轮廓要匀称

外形轮廓要一致，不能粗的粗，细的细，影响整体感观的美观性。

（2）条径圈口要协调

一般讲，圈口小，镯相应就要细；圈口大，镯的条径相应就要粗。例如：圈口内径50～55mm，镯的条径应在6～8mm之间；圈口内径56～65mm，镯的条径应以8～10mm为宜；圈口内径70mm以上，镯的条径应在12mm以上。

（3）口径选择要恰当

一般的做法是，将玉镯戴入四个并拢的手指至虎口处，就是基本合适的尺寸了，如果喜欢紧，或者喜欢松，再增或减1~2mm即可。太紧，不舒服；太松，不安全。

（4）表面抛光要到位

手摸着有滑润感，个别手镯因解理原因，偶尔会有微波纹产生，要尽量避免。

（5）条径厚薄要适中

如挑选扁镯，镯的条径不宜太薄，太薄了，抗击力不够，会影响手镯佩戴的安全性能。

（6）人为伤痕要防止

因为在加工、搬运、摆货、盘点过程中，不可避免地会有个别损伤的情况发生，要仔细挑选。

选镯歌诀是：

先查裂纹防上痕，

毛病要少看精神。

质量高低价钱定，

戴好戴丑在由人。

有水有色是上等，

尺寸不合戴不成。

如果客人问：手镯坏了如何处理？

如果是较好的手镯，譬如价位在千元以上的，裂损轻微，可继续佩戴；断成两截，可采取金镶玉的办法镶接；断成三截以上，可以改制成挂件之类来使用。如果是一般的普通的百元以下手镯，断了，就作为下次安全佩戴所交付的一点学费，俗语说的"碎碎（岁岁）平安"嘛！

【温馨提示】

如果客人问：手镯坏了如何处理？

如果是较好的手镯，譬如价位在千元以上的，裂损轻微，可继续佩戴；断成两截，可采取金镶玉的办法镶接；断成三截以上，可以改制成挂件之类来使用。如果是一般的普通的百元以下手镯，断了，就作为下次安全佩戴所交付的一点学费，俗语说的"碎碎（岁岁）平安"嘛！

如果客人问手镯颜色有什么说法？

一个色，叫"一尘不染"；

二个色，叫"福寿双全"；

三个色，叫"福禄寿"，"刘关张"；

四个色，叫"福禄寿禧"；

五个色，叫"五福临门"；

六个色，叫"六六大顺"。

七个色，叫"七桥会仙"。

八个色，叫"财路双发"。

九个色，叫"九九归一"。

十个色，叫"十全十美"。

色的品质分为：正色、旺色、俏色、偏色和杂色。

红色：表示热烈、喜庆和吉祥；

白色：表示纯洁、神圣和光明；

绿色：表示生命、青春和希望；

蓝色：表示智慧、庄重和博大；

黄色：表示纯真、高贵和光明；

黑色：表示内敛、刚正和严肃；

●手串

挑选手串要注意：串珠颗粒的大小要一致，珠子的穿孔要在中心点上，每颗珠子的色调要基本一致。

●戒指

挑选戒面要注意：质地要细腻，透明度要好，绿色要饱满、均匀、纯正，形态饱满，比例恰当。不要有绺裂，挑选镶嵌的，要检查做工是否牢固，以防松脱掉落。

●耳环

挑选耳环，要与顾客的脸型、肤色、职业、年龄相协调。

●吊坠

挑选吊坠：要选质地细腻的，不要选质地粗糙的；要选做工圆润浑厚的，不要选过分纤细、带尖带钩的。

●观音

俗话说"男戴观音戴佛"，但有的说法，女性也戴观音。选购观音，不说"挑"，不说"选"，要说"请"。

翡翠营销知识

请观音，注意五点：

（1）相貌要慈祥端庄；

（2）眼睛不要有瑕疵脏点；

（3）面部洁净，不要有水纹裂痕；

（4）打眼周正，不要过于靠边；

（5）孔径适中，不要过于太细。

● 佛

"大肚能容，容天下难容之事；开口常笑，笑天下可笑之人。"这副对联精妙地提供了挑选佛的标准：

口要笑，肚要大；

眼睛不要有瑕疵脏点；

面部洁净，不要有水纹裂痕；

打眼周正，不要过于靠边；

孔径适中，不要过于太细，过于太大。

● 龙凤配

挑选龙凤配，要尽量选择两件差不多的，最好是选择同一块料做的，质量、颜色、做工、大小一致。这样，象征男女平等、比翼齐飞、同心同德、相濡以沫、相亲相爱、相依为命、白头偕老、和睦相处、共担责任、共享幸福。

● 平安扣

平安扣，寓意平安。要注意细腻、圆润、色正，不要有过多的瑕疵，更不要有损裂。

● 貔 貅

貔貅的选点在于：

（1）头大肚肥；

（2）相狞貌厉；

（3）驱凶避邪，选择时，尽量从"凶""大""肥""奇"方面着眼。同时注意穿孔，不要太靠近边沿，以防戴不久就损坏脱落。

● 生 肖

生肖的挑选，要注意工艺精细、惟妙惟肖；抛光到位、不要疏漏；穿孔周正、不要歪斜。如果是小孩佩戴，价位不宜太高。

替人选购生肖，如果不知道对方属相，只知道对方的出生年份，可用田树谷先生介绍的方法，通过换算，当即就可以确定生肖：首先，将十二生肖重新排个序号，排列办法是：把原居第9位的猴拉来作"0号"，排在前面，成为：0猴，1鸡，2狗，3猪，4鼠，5牛，6虎，7兔，8龙，9蛇，10马，11羊；其次，具体进行计算，方法是：

将出生年（公历）÷12，将除不尽的余数去对应生肖的排序，就是你要找的属相生肖了。举例：1934（出生年）÷12=161余2，对应排序，此人属狗。

● 摆件

摆件是特殊的工艺品，设计与加工要尽量做到"量料取材""因材施艺""尽显玉美"。设计者立意构思时，要依料附型、挖脏避绺、改瑕为瑜、化平为奇、反瑜为绝，将不起眼的料质，变为人见人爱的力作佳品。极品摆件按"一色、二料、三工"进行挑选：

第一，色彩丰富、纯正均匀、色力饱满、不浓不淡、艳润亮丽。

第二，料质优良、质地细腻、瑕疵较少、没有绺裂、个大量重。

第三，雕工精细、设计新颖、因材施艺、比例对称、俏色巧雕。

"无纹不成玉""人无完人，玉无完玉""十宝九裂"，在挑选翡翠时，一方面要心平气静、认真仔细、一丝不苟、精挑细选；另一方面又不要过分挑剔、吹毛求疵、大惊小怪。因为十全十美的东西总是很少的，即使有，那价格一定是很高的。对一些细小的瑕疵、溶点、石棉、水纹、绺裂，不必过分计较，格外挑剔，由此，反而证明了它的天然性。有些奇特的水纹和瑕疵，会让人无意中看到一种似山、似水、似花、似草、似人、似物的具象，这就因"瑕"而得"瑜"了，只要你拿准，那也是值钱的。

 ## 主播对顾客心理揣摩技巧

消费是一种需要，需要产生顾客，顾客有着不同的心理。主播要学会揣摩顾客心理，明确顾客类型，知晓顾客所需商品，把握顾客购买动机。

从几年来的珠宝市场实践情况看，翡翠消费需求有下面一些特征：

伸缩性。当人们把买房、购车定为主要消费时，翡翠首饰的消费需求就明显下降，当这些大件满足以后，随着经济积累的增加，翡翠首饰的消费需求又会上升。在这个过程中，消费质量的好坏、消费层次的高低、消费时限的长短，都具有一定的伸缩性。

复杂性：由于人的生活习惯、文化素质、个性特点、收入水平、兴趣爱好有差异，翡翠消费需要会表现出多样性和复杂性。

可变性：经济发展、文明进步、修养提高、环境变迁，都会导致消费者心理需要发生变化。这个变化会直接影响翡翠消费需求。

可诱导性：消费者的心理需要一般是可以诱导和调节的。例如，在某个时期，翡翠商品或服务，由于加强了广告促销宣传，影响了人们的心理需要，从而使翡翠的销量大幅增加，这说明顾客心理是可以诱导的。在商店里，主播可根据顾客的消费心理活动，运用商品知识、商品展示，启发刺激和引导顾客产生某种实际需要，将顾客的消费心理转化为消费行为。

消费心理影响购买动机，购买动机制约着消费行为。

翡翠购买的心理类型

● 美化装饰心理

"爱美之心，人皆有之。"翡翠质地细腻、晶莹剔透、色泽艳丽、美观漂亮、秀气纤巧、造型独特，加上流行时尚新颖的款式，可以满足人们美的精神追求享受。

● 象征寓意心理

翡翠不仅有细腻的质地、美丽的色泽，同时，还有深刻的意象寓意。很多人选购翡翠，不仅喜欢它的美，而且还喜欢它附着的美好的寄托，能够表达人的诉求和祈愿。

● 纪念心理

翡翠的美，具有永恒性；翡翠文化，具有不可替代性。中国人讲究礼尚往来，注重情谊交流，他们会选择附着感情的能表达心愿的翡翠，作为对人对事的美好纪念。

● 储备心理

翡翠资源的有限性和不可再生性，使得翡翠商品的价格一直是只升不降，只涨不跌；翡翠商品体积小，便于携带，具有很强的财产保值性。人们选购翡翠，一个主要目的是财产储备。

● 时髦心理

讲时髦、赶潮流，是现代人，尤其是青年男女的普遍心理。翡翠质透色美、造型新颖、款式独特，很富时代气息，给追求时髦的消费者，提供了广阔的选择空间。

● 身份心理

中国人讲究身份，身份常与佩戴装饰相联系，借助珠宝翡翠能够提高自己名望。在古代，就有"君子必佩玉"之说，现代人佩戴翡翠，那更是理所当然的事情。

● 艺术心理

翡翠不同于一般的装饰物品，它是一种用心涵养的高级艺术品，有很高的美学价值，佩戴翡翠可以烘托自身气质，这对于那些有文化艺术修养的人来说，自然会选择翡翠。

● 感情心理

人们崇尚美，追求纯真的感情，往往借物喻情。翡翠是一种情感的寄托物，历来为人类所钟爱，注重感情的消费者，在选购饰品时，自然把目光投向翡翠。

● 显富心理

这类消费者，主要是一些先富起来的人们，他们主要追求的是翡翠的内在质量，佩戴是为了显示自己的富有。他们在选购时，不讲究制作是否精致，款式是否新颖，只求品质是否一流，是否高档。

这些心理动机的明显特点是：目的性强、指向性准。在购买动机的驱使下，顾客进到翡翠营销直播间，按照其平时的性格和习惯，就表现出各种各样主动性：有的求实、有的求廉、有的求美、有的求情、有的求名、有的求新、有的求奇、有的求阔、有的求赠、有的求藏等等。主播应根据消费者的心理动机表现，进行有针对性的服务，促使翡翠商品成交。

针对不同类型顾客的服务

● 针对显示型顾客的服务

这类顾客大体有两种：一种是财力显示者，经过打拼先富起来的人群，他们刚换上时髦的穿着，就差翡翠珠宝佩戴，进入直播间，评论、弹幕等话语间趾高气扬。对于这样的消费者，主播要格外善待，以他们的满足为满足，以他们的喜悦为喜悦，亲切微笑、和蔼接待、真诚帮助、热情服务。一种是争强好胜者，由于经济的优越，他们也曾有过高档的消费，但还未曾有相应的气质与之联系起来，一时还形不成和谐美。在他们的言谈中，会流露出一种旁若无人、急切浮躁的情绪来。对于这样的消费者，主播要包容、要大方、要委婉、要夸赞、要顺其自然，促其成交。

● 针对情感型顾客的服务

这类顾客大体有三种：一种是结婚选佩者，婚姻是人生大事，选购爱情信物，表示海誓山盟。一般男士会在旁边迎合或帮助定夺。在这种情况下，主播要推荐给消费者一定档次的翡翠，既要夸赞新娘戴此种款式显示的美，又要夸赞新郎的眼力及有此佩戴翡翠新娘的幸福。除了热情接待之外，还要介绍一些有关寓意姻缘饰品，比如：龙凤配对、龙凤呈祥、夫荣妻贵、富贵姻缘、鹤鹿同春、天长地久、欢天喜地、同偕到老、喜上眉梢、喜在眼前、喜从天降、麻姑献寿、鸳鸯贵子等等，翡翠饰品的成交率，可能会比普通顾客要高得多。另一种是纪念选佩者，如结婚5周年、10周年、20周年、银婚、金婚等。如中老年夫妇为结婚几周年留个纪念，以后将饰品传给儿女，他们经济条件

翡翠营销知识

141

较好，主播可推荐一些中高档饰品。再一种是祈福选佩者，小孩的生日，大人给买件礼物；老人的生日，儿女们选件寿礼。主播要相应地帮助挑选，并把含义告诉顾客。

● 针对求美型顾客的服务

求美是珠宝消费市场的一个永恒的主题，顾客已不是为戴首饰而戴首饰，他们强调首饰对自身气质的塑造与烘托的作用。主播要适当推荐一些适合气质的翡翠饰品，供顾客选择。

顾客消费的复杂过程

顾客消费是一个复杂的变化的决策过程，它包括了萌发需要、确认需要、信息收集、信息筛选、决定购买、买后行为等诸多环节。主播面临的大多是"决定购买"环节，而这一环节又包含着诸多变化莫测的不确定的因素。这就给主播留下很多的工作要做，留下"做"的很多技巧迫切地需要提高。单就顾客进直播间这么短暂的时间里，就要经历：进入——观望——浏览——兴趣——联想——欲望——比较——信心——行动——满足——众议等诸多心理变化阶段。

● 进入

翡翠直播销售主播那么多，顾客选择进你的直播间，事先已有调查研究，或听亲友讲过，或听媒体宣传，或正式向人打听等。顾客虽未入直播间，但对于你来说，生意已经开始。

● 观望

顾客对将要购物的环境会格外地关注，店铺装饰、货品介绍、店容感觉，先留一个总体印象。这是购物目标的一种亲近。

● 浏览

在这个总体印象下，顾客会按照其来意和目的，浏览货物，详细了解其所需要的货品。将预先掌握的信息，进行实际核对，在脑中闪现："要买的东西就在这里。"虽不是尘埃落定，但已经进入实质购物程序。这时候，是主播接待的最佳时刻。

● 兴趣

顾客浏览翡翠，细腻的质地、艳绿的色彩、精美的雕工、新颖的款式，会使顾客产生兴趣。兴趣是顾客购物的最好的指导老师。主播应及时跟进，用生动形象的语言，画龙点睛地给客人讲一讲相关的玉文化，让顾客感觉锦上添花。

● 联想

当顾客对某一件翡翠感兴趣时，就会要求主播把翡翠在摄像头前转动给顾客仔细观看。在观看中，顾客会不时联想自己佩戴这件首饰是否漂亮，是否比别人美，是否会受人夸奖，配哪件衣服会更好，等等。主播要从旁配合，给予必要的称赞。

● 欲望

当顾客由某件翡翠产生联想时，就有可能产生需要这件首饰的欲望。部分人会在欲望阶段决策并发生购买行动。但有的人欲望不止，会向主播提出："还有比这更好的吗？"这时，主播应该引导顾客挑选更高档次的货品，但有一种情况需要注意：防止顾客挑花了心。有时候，挑来挑去，这山望着那山高，挑得个无所适从、举棋不定，什么都好，什么都买不成，顾客说声"看看再定"，主播也落得个怏怏不乐的情绪。对于这类顾客，主播要视情况，当机立断，劝说购买，不要弄得"竹篮打水一场空"。

● 比较

质地比较、色彩比较、性价比比较，翡翠不是早晚都买，顾客会反复地进行参照选定。主播要热情仔细，百问不厌。

● 信心

顾客在比较中对某件翡翠比较肯定，建立了购买信心，主播要及时地对顾客的挑选给予赞扬和肯定。

● 行动

信心一旦建立，顾客就会付诸购买行动，付款。主播要及时做好准备，备好货品，推荐下一件翡翠。

● 满足

顾客付出了精力，付出了金钱，选到预想的饰品，购到合意的翡翠，如果周围再有人赞美几句，心里就会感到很满足。

● 众议

买翡翠，购高档商品，是一件喜事。一般人不免都要说说讲讲，特别是一些个性张扬的顾客，带回翡翠后，常会拿给人看，这就将翡翠置于众人议论之下。受众者中，有亲人、有朋友、有同事；有懂行者、有外行人。人多嘴杂，有人说很好，有人说还可以，有的说不行，顾客真要有点判断力和经受能力来接受考验。这时

候，可能会有两种情况出现：说好的多，顾客会感到翡翠分外的值，在珍爱自己翡翠的同时，还会欣赏自己的眼力不错，他有可能还会再次光顾直播间，购买其他翡翠；说差的多，顾客会抑郁烦闷，甚至感到上当受骗，联想购买时主播的宣传，顿时感到一头的"雾水"。他会在公共场合或私下里发泄对所购买翡翠的不满，向自己的亲戚

朋友进行抱怨，甚至会要求退货。为了防止这种情况的发生，主播在给顾客介绍货品时，一定要将心比心，实事求是，货品什么档次、什么品质、什么价位，据实推荐，让顾客心中有底，明明白白地做生意，清清楚楚地赚利润。特别是一般品种的翡翠，棉点、瑕疵、绺裂都在所难免，最好在挑选时就对顾客说清楚，"说明的鬼不害人"，让顾客心中踏实，让顾客具有抵抗众议的免疫能力，同时也保护了主播的信誉。

主播对顾客质疑处理技巧

顾客有质疑的权利，拒绝购买，或购买后退货，或对服务产生抱怨，这都是正常的。主播应正确对待顾客的质疑，妥善处理好顾客质疑。"抱怨是金"，有经验的主播常将心比心，把质疑当作是顾客送给自己的一份礼物，耐心地打开礼包，细看其中内容，接受教育，改进服务。把顾客质疑作为潜在的商机，通过处理，进一步密切顾客关系，取得顾客信任。

顾客质疑的三个方面

● 价格质疑

价格直接关乎顾客利益，顾客对价格一般都比较敏感。在顾客看来，讨价还价，是天经地义的事情。即使商品定价比较合理，顾客仍会抱怨。价格质疑，常是顾客对商品感兴趣的信号。主播要从品质、工艺等方面，证明其价格的合理性，来说服顾客接受其价格。如果顾客还有异议，主播可以适当降价。

● 产品质疑

由翡翠的天然性所致，其内在不可能没有一点"美中不足"，特别是一般产品，包体、瑕疵、绺裂等都在所难免。主播要从翡翠的天然性做出解释，"十宝九裂"，"人无完人，玉无完玉"，不必过分计较，如果没有这点瑕疵，就不是这个价格了。

● 偏见质疑

有的顾客，以不正确的观点看待翡翠；有的顾客，可能在别处受呛憋气，迁怒于人；有的顾客，由于受亲友受骗上当的影响，心怀戒心；有的顾客，自现"财大气粗"，对主播的讲解不屑一顾，等等。主播要有"海纳百川"的气度，平心静气，争取认同，然后以询问的方式，找出导致顾客偏见的原因，用摆事实、讲道理的方法，帮顾客消除偏见。在这个过程中，主播可多使用"是的……但是……"语法句式与之进行沟通。

处理顾客质疑的方法

顾客质疑，处理得好，是翡翠销售的一种机会，主播可用以下方法及时进行处理。

●亲情处理法

对顾客表示感同身受，设身处地地站在顾客角度，耐心倾听顾客意见，如果顾客言之有理，应及时满足顾客的合理要求；如果要求过分，也要晓之以理，动之以情，感化说服顾客。

●直接否定法

根据明显的事实和理由，直接否定质疑。这种方法可增强销售说服力，节约周旋时间，但运用不好会增加顾客的抵触情绪，最后导致销售失败。在使用这种方法时，必须有合理的、科学的和可查可证的依据。在解说中要保持十分友好的态度，维持良好的营销气氛，要关心顾客的情绪和心理承受能力。这种方法一般只适用于因为顾客的无知、误解、成见和信息不足引起的质疑。否定是要以真信息去取代顾客的假信息，以科学的知识取代顾客的无知。因此，主播始终要把顾客当亲人，想顾客之所想，急顾客之所急。

●直接满足法

当顾客质疑的事实确实存在，主播就不要再强词夺理，可按顾客的意愿，满足其合理要求。对属于顾客知识欠缺所带来的质疑，主播可顺势诱导：这件翡翠，正因有此问题，才会把价位降低，但不影响佩戴的整体效果，出这么个价，买这么样的货品，还是十分划算的。

主播对顾客询问回答准备

❓翡翠缘何嫁誉与玉？

翡翠是中国一种毛色十分漂亮的鸟，雄鸟为红色，谓之"翡"；雌鸟为绿色，称之"翠"。因毛色出奇的美丽，古代诗人早已将它入诗，唐朝陈子昂在《感遇》中写道："翡翠巢南海，雌雄珠树林。"到了清代，翡翠羽毛已成为人们竞相追捧的饰品。缅玉进入清廷，其颜色可以与翡翠媲美。人们在使用饰品过程中，就将熟悉的翡翠嫁誉给了漂亮的缅玉。入宫的缅玉得名于入诗的翡翠，而且是用中国鸟，由中国人命名。可以想见，翡翠与中国的渊源，实在非同一般。

❓翡翠凭什么能称王？

翡翠自面世以来，就以其非凡的品质，博得人们的青睐。人们利用翡翠，制造了成千上万美轮美奂的艺术精品。这些艺术品，不管质地，不管色彩，在所有玉中，都众压群芳，表现出王者的大家风范，所以，称王无愧。

❓玉因何由分软硬？

在鸦片战争中，英法联军从中国掠夺了和田玉和翡翠。法国矿物学家德穆尔从科学研究出发，分别对和田玉和翡翠进行了分析化验，第一次从矿物学角度，指出了和田玉和翡翠的矿物组成，化学成分和物理性质。根据实际测得的数据比较，把6.5的和田玉称为软玉，把7的翡翠称为硬玉。

❓透度为何称作"水"？

水是清澈透明的，它无陈色杂味；水是纯洁的，它无杂质污秽；水是灵动的，它圆通空明，因灵动而睿智，因灵动而美丽。《红楼梦》把女子的美，全归结为水，说："女儿是水做的骨肉。"水，集温柔与力量于一身，融祥和与坚毅为一体。正因为如此，才把翡翠的透明度，形象地称之为"水"。

❓如何区分绺和裂？

绺，丝缕的组合体，须、发、线、麻等的一股。裂，扯破，撕断。翡翠的绺，指充填了物质的细如丝线的复合裂痕，一般不影响翡翠使用的安全。

裂，受损，影响安全和价值。人们将绺裂混合使用，多指充填复合裂隙。

❓为什么叫棉显得平？

人们历来把翡翠内的团状、条状、块状的钠长石等白色矿物叫"棉"。这种叫法虽简单明了，但显得过于平直。还可不可以叫"云"，叫"雪"？祥云祝好运，瑞雪兆丰年。改瑕为瑜，把人们鄙夷之心变为良好祝愿。既有特征，又有文化，岂不更好。

❓什么是翡翠翠性？

在未打磨的翡翠原料面上，肉眼可以看到晶体的粒状断面的解理面闪光，俗称"苍蝇翅"。这是因为硬玉晶体的解理面像诸多反光面。这种现象只有翡翠独具备。凭此，可认定它是翡翠。翠性大小，与颗粒粗细有关，颗粒粗大，翠性明显；颗粒细小，翠性减弱，玻璃种就难见翠性。

❓哪三要素定翡翠？

硬度、密度和折射率可以确定翡翠。硬度是翡翠抵抗另一种物质刻划、研磨的能力；密度是单位体积的重量；折射率是在两种媒质中光速比值的物理量。翡翠的硬度是6.5~7，密度是3.33，折射率是1.66。

❓何种形状称色根？

在带绿的翡翠料和雕件上，色特别深厚的那一点或那一绺，称为色根。色根是鉴别色彩真伪的标志，绿极均匀的高档翡翠，难见色根。

❓翡翠如何选佳品？

绿色纯正，色泽鲜艳，分布均匀，质地细腻，水头饱满，设计新颖雕工精美，就是翡翠佳品。包括祖母绿、翠绿、苹果绿和黄秧绿等四种颜色中的任何一种颜色。

❓底干为啥会吃色？

透明度好，能使翡翠的绿色映照得更加美丽，似乎色是活的，有动感。透明度差，即底子很干，映衬不出绿色，绿色地不能与周围的质地相融合，不能扩大绿的范围。即使绿色很好，也会显得很呆滞，好像被质地吞食掉一样。

？为何好翡不可求？

红色，又称翡色，是次生作用形成的颜色，多分布于风化表层下。红翡多为翡翠的表皮部分，称之为"红皮"，由赤铁矿浸染而成。天然质好色好的红翡翠难得一见，市场上可遇不可求。

？最佳红色是什么？

最佳的红色是鸡冠红，红色亮丽鲜艳，玉质细腻通透。苏富比拍卖会曾拍卖过一个红翡翠雕件，价值高达380万港币。

？翡翠能分几种绿？

翡翠绿色，有许多形象生动的称呼，归纳起来有四类：

①按色调的正与偏，有：正绿、偏黄绿、偏蓝绿和灰黑绿；②按绿色的浓艳程度，有：艳绿、阳俏绿、浅阳绿和浅水绿；③按形状及均匀程度，有：满绿、雾状绿、梅花绿、带状绿、金丝绿、花青绿和疙瘩绿；④按颜色与质地关系，有：玻璃绿、干疤绿和白底青。

？翡翠结构指什么？

翡翠结构指的是组成翡翠矿物的结晶颗粒大小，结晶形状和晶体的结合方式。结晶颗越细小，翡翠品质越好。

？人喜翡翠是何因？

人们喜欢翡翠，除其财产价值外，重要的是色彩。大自然的神力使翡翠独具各种美丽的色彩，绿色是其最美丽的颜色，它蕴涵着昂然的生机，象征着人们对美好生活的向往和追求。尽管有祖母绿色、阳俏绿色、黄秧绿色和苹果绿色等字眼，但始终表达不出它那种说不出的美。

？为啥会有橘皮状？

翡翠由很多的硬玉和玉石等多种矿物颗粒组成，容易造成翡翠表面的硬度差异。由于不均匀的硬度差异，使翡翠表面不可能绝对平坦，有的看似显现出橘皮样。这也是鉴别翡翠的特征之一。

？翡翠老种为啥好？

因为老种矿物组成单一，矿物颗粒细小均匀，质地结构致密，绿色纯正浓重，绿色分布均匀，透明度好，具有良好的光学效应。

？翡翠评估为何难？

翡翠评估，特别是高档翡翠的评估，历来都极其困难。造成这种难度的原因有五：①偶然性。翡翠的出成率具有偶然性，可能用极少的财力投入，就可能得到一块价值连城的翡翠；也可能投入巨资，却一无所获。②唯一性。世界上没有种、色完全

147

相同的两块翡翠，没有可比性参照。③稀少性。翡翠的产地、产出稀少，市场供求矛盾很大。④艺术性。翡翠雕工，具有艺术性。⑤永恒性。翡翠的使用是永恒的。

❓ 鉴赏需要何条件？

要能够较好地鉴赏翡翠，需要以下条件：①光源。不同光源，具有不同色温。色温不同，鉴赏效果就不一样。比较方便的光源是晴天上午10时至下午3时的自然光。②环境。选择一个中性色调环境，不要选绿色色调环境，衬底最好是纯黑的天鹅绒，因为黑色天鹅绒不但不会对翡翠的颜色造成污染，而且还会使翡翠显得高雅华贵。③心态。身心要健康，心态要平和，情绪要稳定。身心疲惫，情绪激动，心态糟糕，难下正确判断，不宜于鉴赏翡翠。

❓ "玉出云南"是何因？

在历史上，缅甸翡翠产地，为云南所管辖，当时有腾越产玉之说；翡翠又为云南人所发现并加工使用；翡翠的运输、销售，多为云南人所为。云南人对翡翠功不可没。故把翡翠称云南玉。

❓ 翡翠饰品知多少？

清朝以来，翡翠饰品五花八门，旧饰有翎管、朝珠、龙钩、带钩、如意、扳指、管子、扁方、压发、帽正、顶子、烟嘴、鼻烟壶、三环扣、二环扣等，时饰有手镯、戒面、怀古、胸花、胸坠、耳坠、腰坠、烟嘴及各类摆件。

❓ 翡翠价格又如何？

翡翠的价格从20世纪80年代初期至1997年这十多年内上升了近3000倍。一枚20mm×12mm×6.5mm的完好全美翡翠戒面价位在300万元以上。有一点白棉、黑点、但形状好的戒面，也在100万元以上，特好粗圈手镯可达千万元。

❓ 玉石文化谁代表？

翡翠是山川大地之精华，由于它的品质超过所有的玉石，很快取得了王者地位。翡翠继承和发扬了玉文化传统，充分表现了中国玉文化的博大精深。因此，翡翠是玉文化代表。

❓ 摩氏硬度何来历？

1822年，德国物理学家摩斯，搜集了十种能获得很高纯度的常见物质，按彼此刻划能力的大小，依次排列，制成目前普遍采用的摩斯硬度计。硬度的排列的顺序是：

滑石：1；

石膏：2；

方解石：3；

荧石：4；

磷灰石：5；

正长石：6；

石英：7；

托帕石：8；

刚玉：9；

钻石：10。

平时生活中使用的物体的参照硬度是：

指甲：2.5；

玻璃：5～5.5；

钢刀：5.5～6；

钢锉：6.5～7。

❓什么是毛料？

没有打开的翡翠捆石叫原石，没有经过任何加工的原石，到了交易场上，人们就叫它"毛料"。因为皮壳包裹着，看不见内部情况，就像人捂着头一样，又叫作"蒙头石"。

❓什么是赌石？

是原石在交易场上的特定转换名词，买者根据原石外皮上现有的种种表象，凭自己的知识、经验、胆略，对翡翠内部的绿色、种质做出好坏判断，就像赌场上下注赌博一样，运气好，有水有绿，叫"升"，叫"涨"，成十、成百、成千倍地赚，称为"一刀富"；运气不好，无水无绿，叫"垮"，叫"砸"，成十、成百、成千倍地亏，称为"一刀穷"。多年来，业内叫"神仙难断寸玉"。

❓什么是明料？

把原石切开，或者是将料皮剥去，使翡翠的肉和色让买主一目了然，明明白白地看个清楚，这就叫"明料"。

❓什么是色料？

是颜色和水种都好的上等原料，这种好料，多用来做高档手镯、高档挂件和高档蛋形戒面等。

❓什么是净度？

翡翠内部所含瑕疵、杂质多少的程度。翡翠是达到宝石级的一种矿物，在其形成过程中自然会包裹进外来的成分，这些不能融合的成分和后期地质运动所产生的裂隙，自然就会影响到翡翠的纯净度。

什么是原生色?

翡翠在地表以下,在各种地质条件作用下形成的颜色,这种颜色与翡翠矿物的化学元素、矿物成分有密切的关系,就是在翡翠晶体的结晶作用过程中形成的。它是一种固定的颜色,平时我们叫翡翠肉的颜色。

什么是次生色?

在外部地质作用条件下形成的颜色,翡翠露出地表以后,它所处的环境与原来形成时的环境(高压、高温和频繁的热液活动)有很大差别,处于地表常温、常压、氧化、多水条件下,许多矿物化学性质不稳定,再加上日夜温差的变化,产生了物理和化学的风化作用,从赤铁矿或褐铁矿沿翡翠颗粒间缝隙或纹理慢慢深入而成,一般黄色多为褐铁矿所致,红色多为赤铁矿所致。

什么是致色元素?

能引起致色的元素属于一种过渡元素,它包括:铁(Fe)、钛(Ti)、铬(Cr)、锰(Mn)、钴(Co)、镍(Ni)、铜(Cu)、钒(V)。由于在外层轨道上含有未配对的电子,而易吸收可见光的某些波长(颜色)的能量来改变其能级,这时可见光中未被吸收的残余色,就使之致色。翡翠绿色主要是由含万分之几的三氧化二铬所致。

什么是俏色?

在同一块原料上,具有不同的色彩,利用不同的天然色彩进行巧妙设计,因材施艺,制成巧夺天工的玉雕作品,使本来就美的东西,更加美上加美。这种尽显其美的巧妙的用色技法,就叫"俏色"。俏色使原本美丽的天然玉石锦上添花,使翡翠玉石价值连城。这叫作"技术还原本色,而又高于本色"。"俏色"现已成为玉雕工艺的专有名词,也是欣赏玉器经常使用的一种术语。例如:翡翠料中有白色和绿色,就用绿色雕成叶子,用白色雕成爬在叶上的蚕儿;还有,料中有红色、黑色和白色,就用红色做鹅的冠额,黑色做鹅的眼睛,白色做鹅的身子,整个作品,惟妙惟肖,让人叫绝。玉雕俏色佳作,灿若群星,美

不胜收,从古至今都有。例如:殷商妇好墓中的玉鳖,汉代玉雕"金彩玉璞,随珠夜光",宋代五彩俏雕,清代慈禧珍爱的翡翠西瓜、白菜蝈蝈等。

什么是玉纹?

玉石是多晶集合体,是在高压变质作用过程中形成的。在定向压力作用下,片状、长柱状或纤维状矿物会向着压力最小的方向,呈定向排列,这就形成了玉纹。玉纹是一种自然现象,并非人为损坏,"玉无纹,天无云",说明这种现象比较普遍。

什么是老坑玉?

指的是高档翡翠,颜色纯正,不偏不暗,质地细腻,均匀透明,像玻璃地种,人们习惯称之为"老坑种"。这种习惯来源传统，在人的观念上，好像年份越老的翡翠就越好，这种翡翠大多在次生矿中能找到，而次生矿一般开发较早，因此就称之为"老坑"了。

❓什么是皮？

翡翠原石表面的风化外层，包肉的部分。

❓什么是底？

又称地、底障、地张，包括透明及干净的程度，杂质、绺裂、瑕疵的多少，绿色与非绿色的协调程度。

❓什么是原生裂隙？

岩石不断受到地壳运动的影响，发生变形甚至断裂。由于这种情况产生的裂隙，就叫做"原生裂隙"。

❓什么是次生裂隙？

翡翠露出地表后，由于白天与黑夜的温差较大，引起翡翠岩热胀冷缩产生的裂隙。翡翠自身的导热性能相对较差，白天阳光暴晒，表层温度升高，由于传热过慢，温度到了晚上才传到岩石的内部，岩石内部将受热而膨胀，可是此时岩石的表层，却因黑夜温度降低，受冷收缩，产生了内涨外缩现象。这种现象必然会产生一种伸缩张力，张力的横向纵向作用，日积月累，便形成不规则的裂隙，这种裂隙就叫次生裂隙。

❓什么是人为裂隙？

人们在开采、搬运、加工等一系列活动过程中，不可避免地会使翡翠受到一定的外力冲击而产生裂隙，特别是使用炸药开采，或者使用火烧浇水等，产生的裂隙会更多，这种由外力产生的裂隙，就叫做人为裂隙。

❓什么是墨翠？

墨绿色的翡翠，由绿辉石组成，也含其他矿物。在透射光下呈深绿色，质地细腻，色彩深沉，消费者比较喜欢。

❓什么是再造翡翠？

是一种用天然翡翠碎末加胶加色压制而成的翡翠原料，用来制作佛像、观音挂件。在广州一些低档的翡翠市场上时有发现。

❓玉词、成语知多少？

"玉"字的组词和表现能力最强，"玉"字在《红楼梦》中，有5700多个。《汉语大词典》收集使用"玉"字组的词，篇幅长达53页，共有894条。

此外，还有大量的俚语、熟语和警语在民间流传。如：

"玉不遇砥砺，不可以成器，人不遇困穷剉辱，不可以成德"：玉不经过磨砺，就不会成器；人不遭遇困难屈辱，就难以成为有德行的人。

"玉不自言如桃李，鱼目笑之卞和耻"：当璧玉默不作声之时，鱼目便自以为是无价之宝而洋洋得意，这时卞和就要蒙受耻辱了。"桃李"即"桃李不言，下自成蹊"。卞和：春秋时期楚国人，他获一宝，叫"和氏璧"。

"玉不琢，则南山之圆石"：玉要是不经过琢磨也只不过是一块原石而已。比喻人要经过学习，才能成才。

"玉经琢磨多成器，剑拔沉埋多倚天"：玉石经过雕治，才大多成了有用的玉器，宝剑从泥土里拔出来后，便显出它的巨大威力。

"有匪君子，如切如磋，如琢如磨"：文采焕发的高尚君子，就像经过雕琢打磨过的美玉一般俊美漂亮。"切磋""琢磨"后来成了两个词，切磋：比喻互相商量研究，彼此取长补短。琢磨：反复思索，反复考虑。多指写文章很舍得下功夫深究。

"玉石相类者，唯良工能识之"：玉和石的样子很相像，只有技艺精良的匠人才能识别出来。比喻只有远见卓识的人，才能从平庸的人中发现人才。

"玉为玉兮石是石，蕴弃深泥终不易"：玉就是玉，石就是石，把它们一起埋藏在泥土的深处，也不会改变它们的差别。

"玉以石辨，白以黑昭，故丑好相招"：玉石和白石是经过比较出来的，白色在黑色面前才显其白，所以，美好与丑恶都是互相比较而存在的。

"玉在山而草木润，渊生珠而涯不枯"：美玉藏在山中，连山上的草木都显得滋润，珍珠藏在深渊里，连涯岸也显得不干枯。

"玉者，色不如雪，泽不如雨，润不如膏，光不如烛，取玉甚难"：比喻人才很难发现。

"玉贞而折，不能瓦合；鸾铩而萎，不同鸡群"：玉宁可被打碎，也不愿意和陶器在一起；鸾鸟就是羽毛脱落光了，也不甘与鸡为伍。比喻宁可为正义而牺牲，也不愿意苟全性命；也比喻品德高尚的有修养的人，绝不与卑劣的势利小人同流合污。

"他山之石，可以为错，……他山之石，可以攻玉"："他山之石"，恐指"金刚砂"或"解玉砂"的石头粉末，因为这种石头的硬度高于玉，可以用它来琢磨玉材。比喻巧借外力，可以帮助获得成功。

❓玉能帮人免灾吗？

民间传统习惯认为，戴玉，可以逢凶化吉，辟邪消灾；戴翡翠，能防止跌伤，使人有好运。这种认识缺乏科学依据。如果有作用，那也是人的心理作用。人的精神，需要有某种寄托。佩戴翡翠玉件，心理有了寄托，处处觉得实在，事事感到把稳，好像有一个"护身符"在保护着自己。于是，行动格外小心，避免了许多的疏漏和莽撞，增加了不少的安全系数，自然出的事故就少。即使出了事故，也会尽量地往好处想：如果不戴玉，将会是更糟糕。说戴玉能逢凶化吉，辟邪发财，只不过是一种良好的愿望而已。

❓翡翠处理是什么概念？

翡翠"处理"，并非处理品。在质量检验报告或其他珠宝商品标识上，常见到在名称之后加括号注明"处理"。如：翡翠挂件（处理），翡翠手镯（处理）等。消费者经常误解"处理"的含义。翡翠"处理"的含义是：已经不是纯天然翡翠。"处理"和价格调整的处理物品是两个风马牛不相及的概念。在1996年发布的国家标准规定：翡翠（处理），就是经酸洗、去除杂质后，做了注胶处理或做了人工致色（染色）处理的翡翠。实际上就是以往珠宝界称的翡翠B货、C货或B＋C货。自1997年5月1日国家标准《珠宝玉石名称》生效实施后，在翡翠商品的标识标签中，已取消了翡翠A货、B货、C货和B＋C货的名称标注，而用"翡翠（处理）"概括并取代了翡翠B货、C货和B＋C货。

珠宝玉石名称后面没有括号注明，则表示是天然物品（真货）。如：物品标签上标为"翡翠戒面"，这就表明该物品是天然翡翠戒面，没有注过胶，也未染过色。

❓玉纹如何来对待？

珠宝商界有一句口头禅："十宝九裂，无纹不成玉"，意思是说，完全没有裂纹的宝玉石很少。因此，在选购翡翠时，一方面要仔细观察，反复比较，认真挑选；另一方面又不要过分挑剔，吹灰找缝，疑神疑鬼。因为十全十美的翡翠很少，即使有，其价格也会很高。对于一些细小的、微不足道的毛病，可以不必在意，只要大的方面过得去，自己称心就行了。

玉纹和裂纹，对玉件质量的影响程度是不相同的。玉纹是自然天成的，裂纹大多是后天损坏的。玉纹不影响玉的坚固性，裂纹影响玉的坚固性。裂纹多且明显的翡翠玉件，经济价值不高。

❓翡翠颜色会长吗？

翡翠饰件里的颜色会不会再长？回答是否定的。长，是内部滋生发育。翡翠的颜色，是在翡翠矿物形成过程中形成的。成矿以后，除极其特殊情况，如风蚀氧化等，在一般情况下，不会变色长色，特别是制成饰品以后，绝对不可能再长色。翡翠饰品中现有的颜色，原来的滋生发育过程，那是有其极为严格的条件的。说长色，是人的臆想，没有科学根据。

当然，从辩证法的角度来讲，物质是运动的，世界上不存在一成不变而 永远固定的东西。在组成翡翠原子中，电子层的运动，电子的跃迁，人体摩擦翡翠，物质场的交换，等等，可能会影响颜色，但那是极其微弱的，简直微弱到可以忽略不计，肉眼是无

153

法看见的，这绝不是生长发育的概念。

❓为什么喜欢佛、观音？

佛：笑口、大肚、豁达、超脱、诙谐、潇洒。看上去，非同凡响。老百姓喜欢笑口常开、大腹便便的弥勒佛，人们认为他的形象能使人解脱烦恼，纳福纳财，从而对生活充满乐观精神。每当看到弥勒佛，就能一定程度上使人的心灵得到宽松和解脱。

"大肚能容容天下难容之事；笑口常开笑世上可笑之人"。从对联中，可以体会到一种坦荡、宽广和超然的生活态度。这是人们喜欢佩戴翡翠佛像的主要原因。

观音：大慈大悲、救苦救难、普度众生，人称"东方女神"。人们喜欢戴观音，因为观音是慈爱母亲的伟大形象，在人们心目中，有着神圣的位置。佩戴观音，有一种爱的力量给生活予支撑。

主播对顾客抗价应对技巧

价格直接涉及顾客利益，也直接关乎主播的经济收入，是买卖双方谁都不肯轻易让步的必争焦点。合理、规范、公平、公正的价格，主播必须问心无愧地始终坚持。

中国商业的祖脉，是农业自然交换经济。市场素有"喊齐天，还齐地"的传统习惯。千百年来，好像买卖理所当然地就是要讨价还价。进入市场经济，即使是明码标价了，主播也免不了要遭遇顾客的价格抵抗，特别是珠宝直播营销，说"贵"几乎成了最后成交前的阻碍，卖方得无奈地领受。如何有效应对顾客的价格抵抗，一直是商家和主播最棘手的问题。

面对锱铢必较的顾客，如何把买方与卖方的对立关系，转变为共同利益的统一关系，使顾客的抗价拒购心理变为受价购买行为，让顾客亲身体验在此购物不会吃亏，甚至感到价位没有比这更合适的购物商家。这样一个由对立到统一、由抵抗到接受的转变过程的关键是，主播价格应对技巧的成功发挥。由此看出，掌握抗价应对技巧的重要性。

线上三分钟，线下十年功。主播的顾客抗价应对技巧，应在平时练就，在顾客进入直播间之前，就要扎扎实实地做好四个准备。

主播的四个准备

● 设计应对策略

顾客千差万别，价格计较的程度和方式也各不相同。在强调商品质量过硬和服务到位的前提下，主播应未雨绸缪，按本店铺所售货品种类，顾客购物的反应情况，不同顾客消费心理类型，预先设计若干个策略方案，以便适时地应对顾客的价格抵抗。方案策划的前提是，保证商品质量和服务尽量没有瑕疵，只有在保证质量、讲求信誉的前

提下，策略方案才会是长期奏效的，否则，就会变成对顾客的要弄，最后也会要弄到自己。诚信是生意之本，这是主播必须要牢牢记住的。

● 熟悉商品特点

翡翠由于地质生成条件特殊，即使在同一块料上，晶体的粗细也不尽相同，颜色的差别就更大，加上雕刻离不开手工，手工又因人而异，因此，货品一件不同一件。主播要有审翠相玉的功夫，对每一件货品，进行仔细体察和识别：它们各自属于什么种质？颜色是正还是偏？绿色分布是否均匀？绿色的重量如何？水头好或不好?杂质含量怎样？绺裂多少？种老还是种嫩？做工精巧不精巧？各自的特点是什么？各自应划分的等级，各自的卖点在哪里？各自的文化内涵在什么地方？各自能给顾客带来什么利益？各自能给顾客带来什么样的精神享受？各自的收藏优势在哪里？各自的投资价值是什么？这些对货品应知应会应做的须臾不离的功夫，不说是做到炉火纯青，至少也要做到心中有数。那种"货是货，人是人，客到自然成，客人不到我自闲"的主播，绝对不会是好的卖手。

● 自我坚定信心

信心是成功的保证，积极进取是交易的重要条件。主播要保持正面的情绪和心境，要坚信凭借自己的素质和知识技巧，能够消除顾客的价格抵抗，获得顾客的信任，接受本店铺的货品价格。这里，不是心想自信就自信得起来，而要积累，要知识，要功底，要对货品的真知灼见，要有与时俱进的现代经营理念。

● 搜集市场信息

广泛采集市场商品和价格信息，特别是竞争对手的商品价格信息，认真进行研究比较，找出自己商品和价格的优势所在，到时用作证明自己价格的合理性。必要时还可推荐顾客前往考察，以确凿的事实，坚定顾客购买自己商品的信心。俗话说，不怕不识货，就怕货比货。比，就需给顾客提供对象，事实具有最好的说服力，市场信息也就是一种金钱。

主播有效应对方法

在销售中怎样做到有效应对，主播可采用以下具体方法：

● 预先阻挡法

主播在初始阶段，要表明本店对事关顾客利益的价格所秉持的态度，店里对节约成本、降低价格所采取的措施，目前所实行的价格政策，商品如此定价的依据，这样定

翡翠营销知识

价的合理性和合法性。暗示顾客在此购物不但不会吃亏，而且还会得到某种实惠，先让顾客吃下价格定心丸，打消不必要的价格顾虑。

● 商品特性法

翡翠是美的代表，犹如一位美人，她的美是通体上下，整个的，不是由于某一部位特别动人，也不是由于搔首弄姿的妩媚，而是由于一种天然的颜色和气韵使人惊叹。这种不老的天然姿色，将万古长青，永远不会过时。再加上生成翡翠的地质变化不可能重复，资源不可再生，目前使用资源的极端有限性，价格历来只涨不跌，只升不降，现在卖这个价，算是很便宜的，将来肯定会比现在还要贵。

● 利益共同法

主播要推心置腹地给顾客讲明，商家和顾客本是利益共同体，主播的薪水就靠顾客，商家怎么也离不开顾客。现在薄利多销，为的就是要让更多的顾客来惠顾。昧心宰客，岂不是自断财路？自断门路只有愚蠢的主播才会做。

● 强调价值法

当顾客提出"能不能便宜些"时，主播就要下点功夫，耐下性子，为顾客进行正面阐述：单以价格来进行购买决策，这是不够全面的。光看价格，忽视价值，这对购买者来说是个误区。价格只涉及一时，价值却关乎长远。现在多付一点钱，保证价值，将来钱在价格上就很多。如果过多地计较价格，忽视价值，那才是最划不着的。

● 价格实质法

主播要运用经济学原理，说明价格是商品价值的货币表现，市场价格的基础是商品的价值，不管价格怎么变动，都离不开价值轴心。一个运营商品，价格标高了，市场不接受，卖不出去；价格标低了，商店要亏本，运作不下去。各种各样的价格决定，都不能离开商品成本及合理的利润。这要求主播平时要多学习经济学的有关知识，多了解市场价格信息。

● 成本计算法

翡翠不会腐，不会烂，具有永恒性，它是一种投资产品。买翡翠，要考虑投资成本。价格与成本，哪个重要？显然是成本。价格只是在购买时支付一次，过分考虑价格，降低翡翠品质，会更增加成本。好货不廉，廉货不好。经济如果宽裕，应尽量买好的。

● 价格分解法

翡翠是一种特殊的高档消费品，价格自然要比普通商品高一些。针对顾客对价格不了解的疑虑，主播可以将价格进行分解，说明翡翠是买着贵，用起来很便宜。例如：一只高档手镯，假如是1万元，一辈人接着一辈人戴，世代不绝地戴下去，每天摊销下来的费用，也是非常少的，比起一件衣服消耗时限所付的费用来，那实在是太便宜了。

● 断然拒绝法

根据顾客的态度变化，有时断然拒绝反而更易达成交易。当主播热诚说服而对方仍一味讨价还价时，主播应看准时机，适时地断然拒绝。采取这种毅然拒绝的态度，往往还会获得对方的尊重，这比一味妥协，而失去对方信任好得多。主播采用这种态度时，一定要清醒冷静，要用柔和的语气，要防止感情用事。

● 机会提醒法

主播要告诉顾客，这种质好色佳的货品，留店的时间不会太长，很多顾客都青睐这种产品，翡翠讲求缘分，今天不买，错失机会，以后要买就没有机会了。

● 服务保证法

主播在接待中，要把背景资料介绍给顾客，宣传店铺品牌，讲明本店铺一向注重信誉，注重货真价实，注重售后服务。如有质量、尺寸、款式不满意，包调包换。用货品质量和服务优势，坚定顾客购买信心，使之尽快成交。

 主播包装技巧

翡翠商品包装是销售服务的一个重要环节，是顾客在选定商品、支付货款后，主播要做的最后一道工序，因为网上销售的货品，最终都要以快递的形式送到顾客手中，加之翡翠商品的贵重和易碎属性，所以对于包装的要求非常高，做好包装服务也更加重要。主播要花工夫，把这项工作做好。翡翠商品是一种高档的艺术品，对包装的首饰盒的基本要求是结实、耐用、新颖、典雅和高贵，有一定的档次，能体现翡翠的贵重与华丽。用首饰盒包装后，发快递之前还要再进行第二次的快递包装。

包装的直接作用

● 保护商品

保证饰品在运输、储存和使用过程中不受损坏，让消费者能够获得完整无缺的商品。

● 促进销售

好的包装具有识别产品的销售功能，容易引起消费者的注意，激发消费者购买欲望，起到广告宣传的作用。

● 增加利润

精美的包装，能提高商品的档次和身价，受到消费者的欢迎，同样质量、数量的产品可以高出原价，增加企业利润。

包装的具体要求

（1）包装要与商品的价值或质量相匹配，包装既不能过分豪华，搞得"金玉其外，败絮其中"，又不能过分粗糙简单，自贬身价。

（2）包装盒的造型要美观大方、形象生动、新颖讲究、色彩协调，能烘托出翡翠的高贵、典雅和稀缺。一件精美的翡翠，如果没有精美的包装来烘托，就会如同一簇缺少绿叶的红花，必然显得单调无味。精美的包装，对翡翠既可以起到画龙点睛的作用，又可以使消费者感到物有所值。

（3）包装既要考虑使用、保管和携带方便，又要能够显示出商品的特点或独特的档次、风格。

（4）包装说明文字要针对消费者心理、突出重点、明确特性。

（5）包装要考虑消费者的风俗习惯和宗教信仰等。

翡翠商品的包装不同于其他商品的包装，一般主播都备有专门的翡翠包装盒，如无须做礼品包装时，主播只需将翡翠商品装入事先准备好的包装盒即可。

包装的基本技巧

● 手镯

盒子选择要与手镯质量相匹配，不能好镯用差盒，差镯用好盒；装盒时，要把质量最好的一面朝上；要把凭证点齐配全并告知顾客，要将盒盖系紧，防止松脱损坏。

● 项链

项链盒有长形、方形两种，包装时应根据项链的长度、体积选择相宜的包装盒。在一般情况下，单串项链可以选择较窄的修长型项链盒，有造型复杂项坠的项链则宜选择相对较大的项链盒，多层的豪华型项链则应选择精致的方形项链盒。装盒时，应先将项链绕在手上，轻轻装入盒内，将项链扣在首饰盒内一端的挂钩处固定，顺势捋直链身，再把项链的另一端别在首饰盒下端另一侧的小别扣上，整体固定好项链。有挂坠的项链要把挂坠正面朝上摆放，多层豪华项链要把每一层摆放整齐，并把花饰摆放在突出位置。

● 戒指

戒指盒有圆、方、心形等，主播要按戒指的价格高低、豪华程度及顾客要求，选择相应的戒指盒。装盒时，捏住戒指，将戒圈部位插入戒盒的缝隙中，一般以插入1/3深度为宜，可略显有角度。较大的翠戒，装入盒内调整固定即可。

● 耳饰

耳饰包装盒外形与戒指盒差不多，仅内部略有区别。装盒时，只需用手指捏住耳饰，将耳饰上的插针或挂钩插入缝内或小孔里。整理时，须适当调整角度，让两只插入缝内的耳饰，平行排列，花纹一致，有坠的耳饰需将饰坠的正面朝上整齐摆放。其他饰品的包装要求也大同小异。

礼品包装

（1）根据待包装的首饰盒的大小、形状，裁剪好适当的包装纸；

（2）将包装纸里面朝上，平铺在柜台上，将被包装的首饰盒放在包装纸的中央位置；

（3）两手同时将包装纸从首饰盒两侧折起，扶平整，在被包装的首饰盒顶角中间交叠，另一只手撕透明胶带纸，顺交叠缝粘牢；

（4）被包装首饰盒的另两头用同样的方法，两手将一头的包装纸对边折过交叠，用胶带纸封牢，再折另外对边，一头封好后再做另外一头；

（5）根据顾客喜好选择相应丝带，进行捆扎。包装好的礼品盒，必须四方端正、六面平整、松紧适度、牢固可靠。

快递包装

首饰内包装完成后，要对即将快递的翡翠商品进行快递包装；

（1）先准备个外包装纸盒，容积不能太大，也不能太小；

（2）饰品盒放入充气发泡盒后，塞入海绵、发泡纸，保证发泡盒与饰品盒之间无缝隙，不晃动；

（3）充气发泡盒放入快递纸箱，用海绵、泡沫、发泡纸等防护材料填充固定；

（4）封外盒，用透明胶布缠结实；

（5）张贴易碎物品、注意防护的标签。

 ## 主播发货技巧

有了流量和订单，接下来就是要进入另外一项重要的工作，那就是售后服务。说起售后，大家可能会想到的就是打单发货和物流方面的问题，毕竟这很人程度上会影响客户的体验度。打单发货要注意什么问题呢？

发货类型

（1）在线下单发货：即无须卖家自己联系物流公司，而是后台帮您联系物流公司取件发货，发货后快递公司会收到一个下单信息；此方式会造成快递费相对较贵情况，请谨慎选择。

（2）自己联系物流：即卖家自己联系物流公司进行发货，绝大多数卖家选择此发货方式。

（3）供货商发货：针对供货商统一发货的情况，请及时跟进相关信息，快速填写订单运单号，点击发货。

打单发货速度慢，效率低

直播销售如果遇到大流量和多订单，此时发货就遇到难题了。手动输入快递单号很麻烦，又容易出错，还需要不断校对，既费时又费力，大大降低工作效率。可使用【批量发货】功能，批量发货和批量打单，如果平台功能不全，可借助其他发货管理软件进行发货、打单管理。

有了流量和订单，接下来就是要进入另外一项重要的工作，那就是售后服务。说起售后，大家可能会想到的就是打单发货和物流方面的问题，毕竟这很大程度上会影响客户的体验度。打单发货要注意什么问题呢？

发货后还应注意的事项

● 留好发货底单

无论是通过邮局发货，还是通过快递公司发货，或者是选择其他什么物流托运公司发货，只要是卖家的确发货了，提供配送的相应单位就会给卖家一张发货凭证。卖家一定要妥善保管好这些单据，以后万一买家投诉没有收到货的话，卖家可以出示这张发货凭据。如果万一丢失了这些发货凭据的话，那真是有口难辩了。

● 在线咨询请及时回复，在店铺里注明服务时间

对于顾客的在线咨询一定要做到第一时间回复，如果不能第一时间回复，很可能你自己就会忘记。很多顾客会通过在线咨询或打电话的方式，向你咨询问题，如果你的店

铺人手不充足，无法做到24小时服务的话，建议你最好注明在线咨询服务时间、电话咨询服务时间，以防未及时回复顾客取消订单。

●避免顾客查询订单，你可以主动把底单/流水号发给顾客

顾客一般都很急，下了订单后，希望能够尽快收到商品。如果他们发现自己汇款后，几天了还没收到货，很多顾客就会致电或通过在线向你投诉：质问你为什么货还没到？所以，你完全可以在发货后，将发货凭证发给顾客，让顾客能够做到心中放心。

●接到顾客投诉后，应给顾客以放心答复

顾客来投诉，一定是有原因的。在接到投诉后，应该根据顾客的投诉问题，来回复顾客一个放心的答复，何谓放心的答复？"说明解决这个问题的时间"。你可以这样回答顾客"你好，你的投诉问题，我已经明了，让我来处理一下，我会咨询下相关部门，我会在5分钟内，给你打电话，告诉你解决方法"；或者说"你说的货品质量有问题的情况，我已经知道，质量缺陷的细节我也已经记录下来，我会查一下发货的情况，在今天下班前给你答复。"不要试图在接到顾客投诉电话的第一时间，就与顾客去争论一些东西，这样会给顾客一种你连查都没有查询过，就告知处理意见的不负责任的印象。

翡翠营销知识

161

第六章

翡翠基础知识

翡翠产地

翡翠产在缅甸，这是有它的历史原因的，可以说是翡翠属性选择的结果。翡翠生成，必须有特殊的地质条件：高压，低温，矿床主要围岩是基性、超基性高压片岩，并具有分带现象显现，处于地球板块运动不仅活跃而且能够相互碰撞的地带。优质翡翠，还需要有含铬的溶液后期掺入，围岩是高镁、高钙、低铁岩石。在生成过程中，还要没有破坏性的地质运动做后期保证。缅甸所处的地理位置恰巧具备了这样的条件。

据专家推断：大约在一亿八千万年前，地球上的缅藏板块与欧亚大陆板块相互碰撞，缅藏板块向欧亚大陆板块底下俯冲，之后，印巴板块，再次与欧亚大陆板块和缅藏板块碰撞，并集中俯冲于缅藏板块之下，使青藏、云贵高原上升隆起，形成了世界屋脊。两次大的地质运动，使原来残存的缅藏板块，更加支离破碎，超基性岩浆和其他岩浆，沿着大大小小碰断的裂隙乘虚而入。两次俯冲造成的高压低温有力地推动了地质运动的变质过程，加上原已生成的超基性岩，这就生成了翡翠。

缅甸国土有六十七万平方公里，不是所有地方都产翡翠，产翡翠的地方主要集中在北部以勐拱为中心的地带。这些地带，从汉朝起，一直是中国"藩篱"，属云南永

163

昌府（现在保山市）管辖。到了近代，在英军侵入缅甸后，才划归缅甸所属的密支那管理。

　　翡翠的发现有其偶然性。传说是中国的赶马人，运货到缅甸，回程时，发现马驮子偏斜，为平衡驮子，随便捡了个石头放于轻的一边。回来后，将石头丢弃在马厩角落里。日久马踏，皮破肉露，阳光照射，奇宝惊现。消息传开，到缅甸的人回程都要捡石头。马帮一到，很多人都会凑过去问："带石头回来了吗？"渐渐地，就有人背着自家的特产去缅甸换石头、贩石头，缅甸人见石头可以换货、卖钱，也就弃他而专门出来卖石头。这就是翡翠发现的过程。

　　当时，翡翠集散地在腾冲。有人揣测，像丢弃马厩的石头，砌入墙脚的，恐还很多。近年来腾冲的旧城改造，搬迁拆危，时不时弄出翡翠原石，证明了原来这种猜测是正确的。

　　翡翠发现的时间，有的说是周朝，有人说是汉朝，有人说是梁朝，有人说是宋朝，有人说是元朝，比较确信的是明末清初。之前的翡翠，如果有，那也可能是从商道传入的产自俄罗斯或日本的翡翠。

　　翡翠是美丽的，但挖掘翡翠的人的历史却是苦难的。勐拱位于缅甸北部克钦邦西北部，大多是原始森林地带，缅甸人称"野人山"，那里崇山峻岭，荒无人烟，豺狼当道，猛兽出没。挖玉人，别着胆子、借着干粮，挥豺狼、赶猛兽、抗疟疾、顶烈日、冒风雨，来到大山深处，挖土凿石、烈火焚烧、冷水浇泼、火尽玉裂，分而取之。这是天运照顾，自己也觉得有福气的那一部分人；运气差者，整月整年挖不到玉，白天一身臭汗，晚上一盏孤灯，狼叫虎鸣，倍感阴森。遇上洞垮石落，搭上了身家性命，付出了惨痛代价。

　　翡翠在民间的名声大了，官家也会垂涎。一些地方官为讨好上方，自然会选择翡翠进奉。在清朝年间，翡翠进入了宫廷，质好色美的翡翠一下子就打破了清宫以玩和田玉为主的传统，使名噪一时的西方宝石受到了冷落。翡翠的入宫成了玉文化史上的划时代的大事件，它标志着玉文化将因翡翠的出现而进一步提升。

　　清廷慈禧太后崇尚翡翠是翡翠在朝廷传播的重要原因。相传慈禧对外国使者赠的钻石不屑一顾，唯一对翡翠情有独钟。慈禧使用着很多翡翠玉器，死后，头部还放置着一个碧绿的翡翠荷叶，脚边放置着翡翠白菜和翡翠西瓜。那绿皮、红瓤、黑子、白丝的翡翠西瓜，实属稀罕之物，价值连城。

翡翠特点

随着对翡翠研究的深入，翡翠特点越来越被更多地发现：

一是既多又少的个性特征。香港欧阳秋媚女士在其近作《秋媚翡翠·适用翡翠学》中对翡翠的特点做了非常精到的"六多六少"的概括。

六多

● 多晶质

翡翠是由无数细小的晶体组成的。有的细粒小到0.01mm,这些小晶体，互相结合在一起，一个小小的翡翠戒面，可能就有数千粒晶体组成。由于翡翠的多晶质缘故，所以它的透光性就不如单晶组成的宝石。

● 多矿物

过去认为翡翠只由硬玉一种成分组成，据现在研究发现，组成翡翠的矿物不只是硬玉矿物，还有其他含钠的辉石，如钠铬辉石、绿辉石等，另外还有一些不同的闪石类矿物和钠长石等，成分显得比较复杂。

● 多色彩

翡翠的颜色有多种，如白色、紫色、绿色、黄色、红色、黑色等，这些颜色分布都是不均匀的，有时可以同时在一块翡翠上出现，这是一般宝石不可能具有的。翡翠的颜色有原生色（肉的颜色，白、紫、绿、黑）和次生色（皮色、黄、红），其中绿色变化最大。

● 多种质

翡翠的种类十分多，这是因为它是一种多晶体，晶体的粗细不同，晶形不同，结合方式不同，组织结构不同，因而就有不同的质地和透明度。即使在同一块石头上都会出现不同的质地和透明度，加上它由多种矿物组成及多色，所以，就有多种多样的质地。种质变幻无穷，玉品各不相同，称呼也就五花八门。

● 多期性

翡翠并不是一次形成的，从绿色与底的关系来看，先形成底，后形成绿色。研究表明，颜色变化大，说明翡翠形成具有地质的多期性，存在着许多互相叠加、互相渗透的地质现象。

● 多款式

首饰加工是根据材质的形状、颜色和透明度设计加工的。因为翡翠的质地多种多样，多姿多彩，所以翡翠饰品的品种、款式最多。

六少

●地理分布少

从产地看不如其他宝石产地多，世界上只有五六个国家产翡翠，而真正达到宝石级的只有缅甸，其他产地除俄罗斯外，大部分只能做雕件。近年来非洲的危地马拉也出产了大量的翡翠，而且其中一部分品质不低，可以跻身中高端系列。

●形成条件少

翡翠形成于超高压、低温，除需要有板块相撞的地质条件外，还需要有一定原岩，即超高压变质岩，这样苛刻的地质条件，不可能每个国家都能达到，所以，翡翠产地极少。

●形成时间少

形成于六千多万年前，喜马拉雅山运动板块构造上升时期，是经过漫长的地质历史形成的。

●优质翡翠少

从世界范围内陆续发现了硬玉的露头及矿床，如俄罗斯、美国、日本和中美洲、非洲，但都缺乏宝石级翡翠。翡翠必须通透、色好。但硬玉中要有一定铬离子是不容易的，尤其是要求含一定百分比才能呈现好的色彩，再加上要求颗粒细才有一定透光性。然而一般硬玉矿物特性是短柱状的，要形成纤维晶体结构也是极其困难的。总之，由于生成条件苛刻，多少成因条件都必须在最优的前提下同时满足，后期的地质运动又不能过分激烈，否则就会破坏翡翠品级。如果说前期条件得来纯属偶然，那么后期条件的要求就更加苛刻，谁能办到让缅甸地质板块不参与地球运动？所以，优质翡翠很少。

●供求关系少

人们生活越来越好，喜欢翡翠的人越来越多，而达到宝石级的翡翠资源又极为有

限，而且不可再生。市场越来越显现出求大于供的趋势。多年来，翡翠价格只升不降，只涨不跌，翡翠的成交价格将会随着时间的推移越来越高。

●了解翡翠的人少

一是产地稀少，产量有限，翡翠的流传不广，多年来的种种原因，翡翠又曾一度被打入冷宫。加上缅甸政府几十年来对矿山的管制，一直不准一般外来人开采，不让外来矿主涉足矿山管理，致使很多人没有途径去详细研究翡翠矿床，了解翡翠成因、开发、经营及管理。再加上翡翠贸易多年来充满神秘性，翡翠的风险性制约着不少人的兴奋神经，普通大众对翡翠知识一片茫然，对翡翠的认识还只停留在少数人之中。

二是既明又暗的脾气特征。解开的翡翠，明如画，透如水，连细如微尘、轻如毫

毛、薄如蝉衣的瑕疵都呈现在你眼前，遮不严，藏不住，清清楚楚，明明白白，想含糊，欲掩藏，都不可能。可是，原石就暗得几乎让人看不懂。现代科技，可视五脏六腑，却无法看透翡翠的水与色。一块弃石，玉师看出一分水色，卖五万，看出三分水色，卖五十万，再解，满绿满水，卖五百万。昨日的穷光蛋，今日暴富升天，进酒楼，吹洋风，洗土气，牌局相邀，不落人后。反之，一块百万、千万的石头，赌砸了，一文不值，霎时间，百万富翁，一贫如洗，混入丐帮，喝清汤，吃混面，流浪街头，蓬头垢面，这就叫赌石，而且正是由于翡翠的高获利性和不可预测性，使得很多人怀揣一夜暴富的梦想不断的投身赌石市场，正应了间的谚语"一刀穷、一刀富、一刀穿麻布，疯子买，疯子卖，还有疯子在等待！"鉴于翡翠的极端复杂性，前人惊呼："神仙难断寸玉"现代人叹止："玉石无专家"。玩赌石，谈石色变，石头不绿，脸先绿。真可谓是"赌石如赌命"有人说翡翠是胆子活，玩命活，一点也不假。

　　三是既老又少的取名特征。说它少，名字只是在近代才喊响亮，近代的概念，只是弹指一挥间。说它老，从翠羽鸟名嫁誉给了翡翠开始，还可以溯源至周朝、汉朝、隋朝。汉朝的文艺作品中有了翡翠的称呼，班固的《西都赋》和张衡的《西京赋》里，都同时提到"翡翠火齐"。古代称像火彩一样的水晶为"火齐"，与水晶并列的翡翠，想必也会是一种装饰性质的宝玉石，不可能再是鸟名或者颜色的具体描述了。所以，有文字可考的翡翠玉名，应该是从汉代开始。这种翡翠，是否产于今天的缅甸，还有待出土文物的进一步证实。目前，专家趋向的意见是：可能来自俄罗斯或者日本。

　　四是既绚烂又平淡的品质特征。美学大家宗白华说："中国向来把玉作为美的理想。玉的美，即"绚烂之极归于平淡"的美。可以说，一切艺术的美，以至于人格的美，都拿玉作标准，都趋向于玉的美。内部有光彩，但这是含蓄的光彩，这种光彩是极绚烂的，又是极平淡的。翡翠之美，美其质，美其色，质地细腻、晶莹通透、冰清玉洁、宝光灵气、楚楚动人、碧绿澄清、水灵滴翠、翠艳夺月、生机盎然。看着，心旷神悦，倍感振奋。这种美，内敛含蓄、空而不泛、秀外慧中、藏而不露、不浮、不华、不偏、不执。看着翡翠，像在看着自己：要美、要高雅、要宽容、要坦荡、要忠诚、要正直、要无畏、要无私、要有气质……而这一切，都是在平淡中进行，在平淡中感悟，在平淡中升华，在平淡中完成，这就是翡翠特有的文化现象。

翡翠质量

翡翠质量，就是翡翠好还是不好？好到何等程度？差成什么样子？

影响翡翠质量的因素复杂多样，单就质地、颜色就存在非常多的因素，每一种因素的变化，每一种因素之间的不同组合，都会引起翡翠总质量新的变化，都会对翡翠总质量产生影响。按照云南省《翡翠饰品分级》和《翡翠质量等级评价标准》从颜色、透明度、纯净度、质地四个方面分级，再加上工艺和质量，就可以对翡翠饰品进行综合分级评价了。

● 颜色

第一等：色调是纯正绿色。其中包括：深正绿色、翠绿色、苹果绿色和黄秧绿色。色极均匀，不浓不淡，色泽艳润亮丽。

第二等：色调是纯正绿色。其中包括：深正绿色、翠绿色、苹果绿色和黄秧绿色。整体绿色较均匀，其内有浓的绿色条带、斑块和斑点。整体绿色不浓不淡，色泽艳润亮丽。

第三等：色调是纯正绿色。其中包括：深正绿色，翠绿色，苹果绿色和黄秧绿色。整体绿色不均匀，浓淡程度也不均匀，整体绿色较适中，色泽艳润亮丽。

第四等：色调微偏蓝绿色。其中包括：浅淡正绿色、浓深正绿色、鲜艳红色、艳黄色和紫罗兰色。整体色调均匀，不浓不淡，色泽艳润亮丽。

第五等：色调是蓝绿色。其中包括：淡红色、淡黄绿色、淡黄色、淡紫罗兰色、纯透白色、绿油青色和纯透黑色。整体色调均匀，蓝绿色不浓不淡，色泽润亮。

第六等：蓝、灰蓝色。其中包括：暗蓝色、油青色、浅灰色、灰色和白色等。色调均匀，不浓不淡，色泽润亮。

以上仅以绿色一种颜色来分翡翠颜色的级别，绿色最为名贵，择其要者分级之。可是，翡翠常态是多色的。多色，就会多姿多彩。重视翡翠色彩的多样性，是玉文化的传统。古人对色彩的多样性早有描述和总结，表述也极为恰当和精确。如：蓝如靛青，青如藓苔，绿如翠羽，黑如墨光，黄如蒸栗，白如膏脂，赤如鸡冠，紫如凝血。这么多的颜色，翡翠都具备。

多色的翡翠，以一色评价，是不是"以偏概全"？答案是否定的。抓住主要的色彩，并不是不考虑别的色彩。多样兼备，相得益彰，这也就是翡翠难以估价的原因之一。平时，在翡翠评价实践活动中，人们

在评价绿色的同时，一般都会对别的颜色一并进行评价。

颜色是翡翠美的重要因素。人佩戴翡翠饰品，重要的是颜色，颜色比质地、款式更能体现人的内质美。

红色：刺激人的神经兴奋，促进人的肾上腺分泌和血液循环。

橙色：诱发食欲，稳定情绪，有助于钙质吸收。

黄色：活跃思维，促进消化吸收。

绿色：促进肌理平衡，引导精神缓和，帮助消除疲劳。

蓝色：降低血压，促进体内新陈代谢。

紫色：刺激运动神经，减少压抑，使人安静温和。

白色：使人纯洁，叫人灵动。

黑色：令人捉摸不透，使人含蓄、冷静和矜持。

把色彩学运用到玉学上，中国有一套传统说法：

一色：纯一不染。

二色：黑白分明，天地玄黄。

三色：三光照耀，三元及第，桃园三结义。

四色：四维生辉，福禄寿喜。

五色：五星聚魁，五福呈祥。

六色：六六大顺。

多色：群仙上寿，万福攸同。

红色：鹤顶红，人参朵，朱砂片，胭脂斑，鸡血红。

黑色：乌云片，淡墨光，黑漆古，多貂须，美人髯。

紫色：茄皮紫，玫瑰紫，羊肝紫，灵芝紫。

青色：铁莲青，竹叶青，虾子青，熊胆青。

绿色：松花绿，苹果绿，蕉芽绿，瓜皮绿，鹦鹉绿。

黄色：蜜蜡黄，米色黄，鸡蛋黄，秋葵黄，栗色黄，鸡掌黄，老酒黄，黄花黄，黄杨黄。

白色：鸡骨白，象牙白，鱼骨白，糙米白，鱼肚白，梨花白，雪花白。

对色的形状也有形容：雨过天晴（青），梅花数点，长虹贯日，太白经天，金星绕月，玉带缠腰，红日东升，秋葵西向，孤雁宿滩，苍龙浴海，桃花流水，银湾浮萍。

● 透明度

第一等：透明，民间俗称玻璃地。

第二等：亚透明，民间俗称冰地。

第三等：半透明，民间俗称蛋清地。

第四等：微透明，民间俗称米汤地。

翡翠基础知识

169

第五等：不透明，民间俗称瓷地或石灰地。

翡翠越透明越好，上等好货一定是透明的。

● 净度

第一等：极纯净。基本不含瑕疵，在10倍放大镜下，不见任何裂隙、白棉、黑点、灰点、灰丝和黑丝，在不显眼处偶有个别不影响净度的白棉或黑点。

第二等：纯净。瑕疵含最稀少，在10倍放大镜下，不见裂隙，肉眼可见少量细小黑点、白棉及黑灰丝等。

第三等：半纯净。含少量瑕疵，肉眼不见裂绺，在10倍放大镜下，可见少量裂绺，肉眼可见少量白棉、黑点、黑灰丝及少量冰渣状绺状物。

第四等：欠纯净。含一定量的瑕疵，肉眼见少量裂绺及较多的白棉、黑点、灰黑丝和冰渣状绺状物。

纯净只是相对的。纯了又纯，净了又净的物质，世间几乎找不到，找得到的恐怕就是那些仿制品，如玻璃一样的东西。翡翠中的白绵，可以把它看作是"祥云"或"瑞雪"，祥云祝人吉祥，瑞雪兆丰年。"小瑕不大瑜"，特殊的瑕疵，异样的结纹，只要你驰骋想象，相准了，说不定还会是好花一枝，这就看你怎么看待，怎么去评价了。

● 质地

第一等：极好。结构非常细腻致密，粒度均匀微小，在10倍放大镜下，不见晶粒大小、复合原生裂隙及次生矿物充填的裂隙等。粒径小于0.1mm,多为纤维状结构，难见"翠性"，俗称老种。

第二等：好。结构致密，粒径大小均匀，在10倍放大镜下，可见极少细小复合原生裂隙和晶粒粒度大小，但见不到次生矿物充填裂隙。粒径在0.1～1mm之间，纤维状结构，粒状结构，偶见"翠性"，俗称老种。

第三等：一般。结构不够致密，粒度大小不够均匀，在10倍放大镜下，局部见细小裂隙、复合原生裂隙及次生矿物充填裂隙。粒径在1～3mm之间，柱粒状结构，比重有所下降，多见"翠性"，俗称新老种。

第四等：差。结构疏松，粒度大小悬殊，肉眼可见裂隙、复合原生裂隙及次生矿物充填裂隙等。粒径大于3mm，柱粒状破裂结构，比重、硬度明显下降，易见"翠性"，俗称新种。

● 工艺

涉及成品的轮廓、对称性、长宽比例等，具体应考察：

（1）玉件是否已物尽其用，设计是否有创意，质地是否配合完美，色彩是否得到充分利用。

（2）玉件图案的点、线、面的比例是否协调，线条是否流畅，题材的表达是否充分，雕工是否精细圆润，抛光是否完美。

（3）俏色利用是否恰当，瑕疵处理是否恰到好处。

● 大小或体积

一些高品质的翡翠，是以克为单位，一些大块的花牌料，则以公斤为单位，一些质地差的砖头料，是以吨或以堆计算，无论哪种方式，质量总是影响价值的重要因素。

翡翠饰品千差万别，一件不同于一件，只有将六个方面综合起来，仔细地、审慎地、综合地考量，才能比较准确地把翡翠的好坏真正区分开来。

翡翠鉴别

翡翠识别，就是凭借技术和经验，判定是天然翡翠，还是经过酸洗注胶处理的翡翠以及其他仿冒制品。

识别的主要内容是：分辨B货、C货、B+C货、八三玉和其他仿品。

● B货

（1）用眼睛观察

①透明度：翡翠的透明度比较真实、自然、随和，一般货品底子不是那么干净、清爽；B货的透明度显得比较做作，不真实、不自然，底子太过干净、清爽、发白（时间长了因为胶的老化而发黄）。

②光泽：物质光泽的强弱，受物质内部成分和结构所制约。翡翠光泽较强，为玻璃光泽，灵性足；B货经过酸洗，破坏了组织结构，掺有树胶，反光较弱，灵气不足，具有蜡状光泽或树脂光泽。其他软玉呈油脂光泽，蛇纹石类似玉矿物呈蜡状光泽。

②颜色：翡翠的颜色多种多样，整体来讲，绿色呈不均匀分布。绿色在白色中，呈点状、脉状、条状、斑状。在绿色色调上，翡翠绿色变化最大，有浅有深，有鲜有暗，只有翡翠独具鲜绿色，B货的颜色发淡。

③翠性："翠性"是翡翠单独具备的特性，可以用这个特性，区别翡翠与B货、C货、软玉以及其他仿制品。由于翡翠晶体表面呈矩形或方形，加之翡翠具有两组解理，因此，在光的照射下，可以见到翡翠晶体断面及解理，有如"苍蝇翅膀"，这是所有翡翠独有的一种特性；B货的翠性因为经过酸洗和胶的遮盖会有所减弱。

④精神：A货整体看去自然而有精神，似有灵性；B货整体样子缺乏灵性，显得木木讷讷，没有精神。

（2）用耳朵听声

将翡翠手镯用绳子吊起轻敲，声音清脆，似有金铁声；B货声音沉闷，敲不出像A货那样清脆的声音来。行内总结出的听声经验是："叮叮响，货品真；铛铛铛，货品假。"（若手镯有裂纹，则声音不清脆，有破音。）

（3）用手触摸

翡翠导热性能好，触摸冰凉；B货导热性能差，似有温感，原因是B货掺有与翡翠导热性能完全不一样的树胶物质。业内的说法是："A货冰，B货温，用手触摸能知真。"

另外，翡翠颗粒的结合方式比较特别，是镶嵌结构，具有锯齿形断口，手感锋锐；B货手感没有那么锋锐。

放大镜看：翡翠致密光滑，晶粒完好、边界清楚、井然有序，没有溶蚀点；B货有腐蚀纹及表面龟裂，晶粒遭受破坏，边界模糊。

（4）用仪器检查

世间物质，都有证明其身份的固定数据，这些数据，锁定了他们各自的身份。比如：硬度、密度和折光率等。

①硬度：翡翠的硬度为6.5~7，相当于家庭使用的钢；B货硬度会稍低。

②密度：翡翠密度为3.33~3.40，B货因掺入树胶，密度较小。

③折射率：翡翠的折射率为1.66；B货因掺有树胶，折射率低于1.66。

④用紫外光灯观察：因为树脂会激发黄白色荧光，所以，发光的基本上可以确定是B货。

⑤用红外光谱仪鉴别：B货在红外波长2800cm^{-1}~3050cm^{-1}附近出现几个吸收峰,同时在4060、4620、4680cm^{-1}附近有吸收峰，这是由树脂胶引起的。

● C货

人为染色，其目的就是为了提高翡翠价格。染色的方法很多，常见的是染料注色和表面染色（"抛光粉"）。染料染色就是传统的方法，将初加工好的翡翠放到染料剂中浸泡，使染进入翡翠内部较深部位；表面染色就是只在表面进行染色，颜色仅在表层出现。识别的方法是：

①肉眼观察，色泽呆滞，缺乏灵性，没有温润感，色泽不够纯正，色彩夸张，很不自然，没有过渡。

②在放大镜下观察，色不在晶体内部分布，而是在外表或者微隙之间，外观为：表面染色的颜色呈点状富集在表面的坑坑洼洼中和裂隙内，染料济染色则呈蛛网状，颜色深入到翡翠饰品深处。

③在查尔斯滤色镜下观察，有的绿色部位会呈红色。

以上说的是绿色和紫色的识别方法，黄色和红色不能这样识别，因为绿色和紫色是原生色，而红色、黄色是次生色，也就是大自然进行的染色，和人工染色的机理是一样的，表现形状上也是一致的，只是在色的干净程度、过渡情况和色彩丰富程度上不一致。

● B+C货

是一种酸洗、染色再注入树脂的翡翠，质地和颜色都经过人工处理，是一种双料假货翡翠。识别方法是：

①肉眼观察，颜色往往过于鲜艳，显得特别不自然，颜色呈蛛网状；

②底显得十分干净，底和色很不协调，色和种极不自然；

③滤色镜下观察，大部分不呈红色，个别显示红色；

④具有B货的所有特征。

● 镀膜翡翠

一般出现在翡翠戒面中，早期是整个翡翠戒面都涂绿色膜，较容易识别。后来只涂抹在底部并镶嵌后出售，识别较难。识别方法：

①在10倍放大镜下观察，表面镀膜具有厚薄不均等流动状构造，镀膜上有砂眼和气泡。

②硬度较低，用指甲、钢针等硬物刻划，或者在水泥地上摩擦，镀膜表面会出现痕迹。

③整体给人的感觉是呆板、病态、没有精神。

④用手摸，不滑腻，有滞涩感。

⑤如果是底部覆膜，那么打灯从顶部往下看，颜色在底部，侧面看，上层没有颜色，有时可以看到底部露出的绿色膜层。

● 八三玉

在市场上，常见冒充翡翠的还有八三玉。在1983年于缅甸无名矿山发现，是一种新的玉种，结构粗糙，密度、硬度较低，无"翠性"，含硬玉矿物不到30%，在放大镜下难见到条柱状硬玉矿物晶体结构，局部有淡紫色，或淡绿色，或蓝灰色，或灰色。常用它来制作B货"翡翠"。异名有"爬山玉""巴山玉""缅甸新玉"。一只八三玉手镯的售价，是普通翡翠手镯价位的三分之一到五分之一。识别方法是：

①肉眼观察，带粉红、灰色、光泽度差、结构粗。

②敲击听声，声音沉闷。

③八三玉相当于B货，鉴定B货的方法，基本适用于鉴定八三玉。市场上，八三玉饰品比较普遍，售者特别是来华在旧货市场上卖翡翠的缅甸商人，一般都会把八三玉说

成是"新玉"。"新玉"是种含糊其词的名称，人们一听到"新"，就会与原来的"老玉"这种好翡翠相混淆，将其误认为是真翡翠，买者必须提高警惕。

● 翡翠与相近玉石的区分

容易与翡翠相混淆的有软玉、独山玉、蛇纹石玉、岫玉、澳洲玉、马来玉、玛瑙、贡翠、贵翠、东陵石、钠长石玉、水钙铝榴石（不倒翁）、符山石（加州玉）等。

软玉：具有毡状结构，有的比翡翠的结构还细腻。油脂光泽，颜色分布均匀，密度、折射率都低于翡翠，无翠性。

独山玉：颜色分布不均，绿色、白色、紫色、墨绿色等常分布在一块料上，密度比翡翠低(2.7~3.0)。

蛇纹石玉：颜色常见为黄绿色、白色、暗绿色，蜡状，玻璃光泽，硬度、密度、折射率比翡翠低。

岫玉：蛇纹石玉的一种，产于辽宁省岫岩地区，声音沉闷。

澳洲玉：绿色的玉髓，主要颜色为蓝绿色，隐晶质集合体，密度、折射率低于翡翠。

马来玉：马来玉是一种染色的石英岩，常用来仿冒高绿翡翠，饰品多为戒面、平安扣以及挂件之类。密度和折光率都小于翡翠，颜色呈网状，在查尔斯滤色镜下，呈粉红色。

玛瑙：无色根，绿玛瑙闪蓝光，没有翠性，断口为半闪亮渣状，密度2.65，明显小于翡翠。

贡翠：贡翠是产于云南高黎贡山的一种绿色大理岩，透明或半透明，绿色均匀，比翡翠色淡，密度、硬度小于翡翠。

贵翠：贵翠是一种含高岭石的绿色细粒石英岩，粒度粗，常带砂眼，折射率为1.4，密度2.65。

东陵石：产于印度的一种含铬云母的绿色石英岩，颗粒粗，可看到闪亮的绿色云母鳞片，显丝绢光泽。密度2.7 ~ 2.8。

钠长石玉：又叫"水沫子玉"，无色、白色、灰绿色。底子常见白色团状的"棉"或"白斑"，就像清水里翻起沫子，因此而得名。透明度好，硬度、密度、折射率都低于翡翠。

不倒翁：产于缅甸北部地区，主要矿物为水钙铝榴石，次要矿物为黝帘石、符山石及闪石类。硬度为6.5~7，密度为3.41~3.44，折射率为1.71 ~ 1.72。

符山石，也称"加州玉"，主要矿物为符山石，常见颜色为褐色、绿色。常和水钙铝榴石共生，绿色的符山石或水钙铝榴石戒面和高档的翡翠外观很像，二者在滤色镜下都会变红。

翡翠评估

翡翠评估，是指人们按照一定的价值标准对翡翠的价值进行判定，确定出翡翠恰当的货币值。

翡翠产品的特性评估

（1）既是消费性的产品，又是投资性的产品。在内涵上，有丰富的文化积淀，既能满足人的物质需求，又能满足文化需求。因而，翡翠不是一般经济学中的只有固定价值的"等价物"。

（2）在材质上，细腻温润，丰腴可人。在消费使用过程中，消费损耗的速度极慢，甚至不但不损，反而增值。

（3）是一种不可再生的资源，越来越表现出它的稀缺性。

翡翠价值内容

● 资产价值：翡翠稀少，体积小，便于携带，是传家宝，是家庭财产继承的重要组成部分。

● 投资价值：翡翠是一种浓缩的财富。香港佳士德拍卖公司拍出的由27颗翡翠组成的项链，1989年以1900万港币成交，到1994年该项链再次拍卖时，成交价竟达3300万港元，五年升值73%。

● 信用价值：戴名贵翡翠饰品的人，哪怕身无分文，给人的印象也是非富即贵，一定具有很强的支付能力。

● 文化价值：翡翠色彩美、质地美、工艺美，是玉中之王，它继承了中国玉文化传统，并进一步把这种传统发扬光大，具有很高的文化价值。

翡翠评估要坚持的原则

● 真实性原则：以实际材料为基础，以确凿的事实为依据，实事求是地得出评估结果。

● 科学性原则：遵循科学的评估标准，采用科学的评估方法，尽量做到让每一个环节都有科学依据。

● 公正性原则：评估人员必须坚持公正立场，以中立的第三者身份客观公正地进行评估。

评估要坚持的程序

程序是首要的操作规程，包括接货、描述、鉴定、质量分级、估价、编写评估报告等。

现在有的地方，搞翡翠评估不讲程序，拿一件东西，找几个所谓的"专家"，随便议个价，就叫评估。如果深究下去，就会发现往往同利益人牵连在一起，形成了事实上的不公平。

评估人要有高水平

评估包括认知和评价两个层面。认知是客观的、第一性的，是评价的基础；评价是主观的、第二性的，是认知的延伸和结果。翡翠评估的公正与否，取决于评估人对翡翠认知把握的准确程度。评估人的水平直接影响着评估的结果。评估人首先要会质量鉴定，其次要会评定价格。前者是个定数，后者是个变数。评估要经得起时间的考验，所以，评估并非是件易事。具体用理想公式表达：

评估员=合格评定员+半个经济学家+半个翡翠学家

评估机构要有公信力

评估机构的体制是否具有中立性和公众性，是决定评估能否公平公正的关键一环。应该从法规制度上确定评估机构的体制和运作模式。只有制定一个体现公平公正的法律制度，才能保证在良好的制度环境中，做到公平公正地评估。

翡翠评估具有导向作用。通过评估人的辛勤劳动，使人更加自觉地认识翡翠的美，认识翡翠这种特殊的财富。

翡翠收藏

翡翠保养

翡翠保养，需要注意三点

✘ 不要与硬物相撞

右手做事较多，推拿重物机会频繁，为保护手镯、方便行动，一般不要戴在右手上。

进行易伤翡翠的作业，比如：搬砖抱石、敲铜砸铁、拆危砌墙、搬缸挪瓮、推磨碾米、堆砖垒石、砍柴破木等活计，一般不要佩戴手镯。

旅游探险、登山攀岩，最好把手镯取下来。

贴身佩戴的挂件，隔段时间，需检查拴绳，防线断脱落丢失。

如果家庭的饰物较多，且无各自的包装，千万不要把翡翠和钻石放在一起，因为翡翠的摩氏硬度是6.5~7，钻石是10，以防钻石对翡翠刻损。

摆件的安置，既不能放在人来人往的通道上，也不能放在太阳直射的地方，要放在安全、显目、突出之处。

✘ 不要放在炽热处烘烤

不要把翡翠放在太阳光下暴晒；不要频繁地靠近热源，如烤火、高温车间作业、使用火炉灶具等。偶遇热源，时间不长，不会对玉件造成影响。

✗ 不要用酸碱浸泡

从事酸碱职业的人，如化学实验室、工厂酸碱车间、化工商店等，在工作时，一般不要戴玉。人体汗液里也有酸碱成分，翡翠佩戴一段时间后，会出现被污染的情况，可用软干布擦拭，或用温肥皂水清洗，再用酒精揩擦，置于通风处吹干。清洗时，应注意避开漂白剂等化学药品，避免用沸水清洗。

保养，是人对翡翠的一种精心照料，是人对稀罕物的一种格外温存。其实，玉，特别是翡翠，并不是"孱弱"得一定要人格外保护。珠宝翡翠的三大特点之一就是耐久性，包括抗刻损、耐高温、拒酸蚀等。消费者可持平常心态，按个人的生活习惯，该怎么用就怎么用，该怎么戴就怎么戴，只要安全、舒适、美观、漂亮就可以了。

翡翠收藏

翡翠原料的稀缺性、工艺的历史性、作品的人文性，使翡翠收藏越来越受到人们的青睐和重视。

● 收藏功能

（1）财产保值：翡翠是不可再生的资源，随着可开采资源的日渐枯竭，随着人们认知程度的提高，市场需求越来越大，其精品却越来越少，其升值空间越来越大，收藏翡翠是积累财富的一条重要渠道。1992年一套翡翠珠串拍到300万，两年后，同一件拍品竟然涨到了3302万。

（2）传世家当：翡翠体积小，所占空间不大，变卖出去的承接力很强，价格只涨不跌，只要有闲钱，尽管为子孙积累起来。

（3）光宗耀祖：在翡翠的藏品上，你会看到祖先曾有过的辉煌。你会发奋图强，继承祖先遗志，将祖业进行到底。

（4）精神享受：玉有悠久历史，收藏和把玩翡翠，可以得到无限的精神享受。"玉不琢，不成器"，使你不断地对自己进行人生励志。

（5）宗教信仰：人为了在精神上有个寄托，常把宗教信仰与翡翠联系在一起，用翡翠观音、佛来保佑自己。

（6）教育后代：翡翠收藏，无论出自何种目的，都必然会直接、间接地涉及各种科学知识，因此，收藏翡翠的过程，就是一个教育后代的过程。

● 收藏原则

（1）真实性原则：要收藏真品，不要收藏B货、C货和仿品。

（2）量力而行原则：根据自己的实力，由粗到精，由少到多，一步一步地摸索，一步一步地积累。

（3）精致性原则：宁少勿多，宁精勿粗，宁缺毋滥。一件通透满绿、雕工特异的藏品，超过几十件普通藏品。

（4）独特性原则：物以稀为贵，人有我有，不如人有我特，人有我奇。

● 收藏方法

一是边藏边售，叫"以藏养藏"。收藏的前端是投入，经济实力不强的，多采用这种形式。

二是只藏不售，叫"长线收藏"，价值回报待将来。采用这种方式，除经济宽裕之外，还需要有丰富的经验和好的技术做保障。

收藏方法因人而异，不同的人有不同的方法，但一些基本的做法程式，应该是相通的：

（1）明确收藏目的：有明确的收藏目的，才能制订出好的收藏目标。

（2）广泛收集信息：从产地、市场、国家、民间、广播、电视、报刊等渠道，广泛收集信息。

（3）选择收藏目标：在获取了大量信息之后，必须认真分析，科学研究，选择一个好的收藏目标。

（4）辨别藏品真伪：对藏品的真实性要确定无疑。当然，偶有失误也在所难免，不因失误而因噎废食。

（5）评定藏品质量：对藏品的质量要进行评定，对藏品价位的把握要基本准确。失误的概率一定要降到最低限度。

（6）获得藏品方式：可以是购买，可以是交换，可以是馈赠，可以是继承，可以是索要，也可以是自制。

（7）整理藏品：藏品要认真整理，细心分类，及时入柜，妥善保管。

翡翠保健

玉对人的保健作用，可从物质和精神两个层面理解。古代医学著作记载，玉有"除中热，解烦懑，润心肺，滋毛发，助声喉，养五脏，安魂魄，疏血脉，明耳目"的作用。

玉含多种微量元素，如：铝、钠、镁、硒、铁、钙、铬、锰、锌等。锌元素可以帮助激活胰岛素，调节能量代谢，维护人体的免疫功能，促进儿童智力发育，具有抗癌、防畸、防衰老等作用；锰元素可以对抗自由基对人体的损伤，参与蛋白质、维生素的合成，促进血液循环，加速新陈代谢，防止动脉硬化；硒元素是谷胱甘肽过氧化物酶的组成部分，它能催化有毒的过氧化物，还原为无害的羟基化合物，从而保护生物膜免受伤害，起到抗衰老的作用。

玉对人体皮肤保护，有明显作用。药典《圣济录》记载："面身疲痕，真玉日磨之，久则自无。"在《御香缥缈录》中，记载了慈禧太后用玉健肤的详细情况，慈禧称之为"皮养精"。

戴苏兰编著的《玉石》（地质出版社）列举了个案、群案的例子，说明玉石对人体确有保健祛病的作用。

一个长期患严重失眠症的妇女，自双手各戴一只玉镯之后，治好了失眠症。

辽中县一位八十岁的老人，通过枕玉，头发变黑、牙痛消失、耳不聋，眼不花，读书、看报、听广播不费劲。

辽宁省中医学院经对一百名患者临床使用岫玉玉枕，疗效观察表明：玉对人头痛、头昏、失眠、神经衰弱、高血压、脑血管动脉硬化等慢性疾病有一定的治疗效果。长期使用玉饰品，可以减皱祛斑、滋阴养血、增强记忆、振奋精神。临床测定有效率达98%以上。观察报告称：玉疗"开辟了人类抗衰老的新途径"，此项实践及结论，是由六名专家教授组成的鉴定委员会鉴定的。有如此疗效的原因是三个：

一是玉石的冷却作用，可以降低人体局部接触部位的温度，加速血液循环，即人们所说的"活血"；

二是压电性与热电性作用，产生微电磁场，使人体器官协调平衡；

三是穴位按摩，对人体有舒筋活血作用，从而减少疾病的产生或消除疾病。

该书还引述了李英豪先生《护身玉》中讲述的盘玉养身的例子，说是有位世伯，患老年病，手指酸软无力，有时还会麻痹和抖动，精神恍惚，忐忑不安，后佩戴和盘玩古玉，慢慢地，手不抖了，麻痹症状也消失了。

以上例子还属个案，不具有普遍意义，没有进一步扩大到临床实验，至今仍没有科学数据说明，也还没得到推广。

物质会转化为精神，玉给人以涵养，完全合乎逻辑。

玉石美观，赏心悦目，可以化解烦躁情绪，避免因烦躁引起的纷争和麻烦。

把玩玉石，遐想天地造化之不易，体会人工雕琢之艰辛，品味人生活法之精妙，联想世事变迁之哲理，不免心旷神怡、豁然开朗、精神振奋，人间苦闷，为之一消。原来烦恼的世事现在不烦恼了，原来失去信心的事现在有信心了。玉给了人一种人格力量的内涵，给了人一种道德升华的底蕴，给了人一种思维定式的转换，给了人一种奋勇前进的力量。

翡翠为多晶体组成，由它那致密坚固的结构，联想到人的一个团队，要坚强团结，干事拧成一股绳。

翡翠是晶体结构，由晶体的排列有序联想到协调发展，人类要和谐共处。

翡翠晶莹剔透，由它的透明度联想到做人要心胸开朗、心地坦荡，做事要光明磊落、光明正大。

翡翠有瑕疵，由瑕不掩瑜联想到为人要诚实，做人要忠厚，有缺点不要遮拦，有错误不要隐瞒。

翡翠有底，由底联想到做人的根本，处在激烈竞争的社会环境中，生活在利欲熏心的狭缝里，要有一个基本的生活准则，要有一个起码的道德底线，要不断地规范自己的言行举止。

翡翠色彩丰富，由多色彩，联想到生活的多元化、生活舞台的精彩纷呈，进而想到民族团结，由多民族组成的中华民族，:五十六个民族，五十六朵花，各民族聚拢是一家。

翡翠需要雕琢，由"玉不琢，不成器"，联想到人生进步，要学习、要检点、要磨炼、要反省，要不断地以高标准要求自己，生命不止，学习不已，活到老，活到老。

有人说：玉可以保平安，玉能够消灾免难。这也是玉在精神上养人的表现。玉对人的心理治疗，起到很好作用。

翡翠文化

说到翡翠文化，就要说到玉文化，自然也会说到"黄金有价玉无价"。

玉在中国，几乎与镇人意志的天，赐人福祉的地，规人律动的神，等量齐观，平起平坐了。它穿越时空隧道，和人类相随相伴；它能与历史结合，使历史赋予厚重的人文沉淀；它能与学说结合，使伟人的理论步入国家统治殿堂；它能与思想结合，使人类驰骋无限遐想。各个朝代的玉器，虽然数量上有差异，内涵上有转移，但玉的至尊至圣的王者地位，一直没有丝毫动摇过。特别是儒家思想的介入，使得玉道德化了以后，玉由具体到抽象，由实物到符号，不但成了做人的标准，而且成了天意，成了公器。附着在玉上的文化内涵，使人无法测量，其无价性也就自不待言了。

还有，玉是一种心灵物，当你用心去与它接触、交流、沟通和对话时，你会升华起一种美好的心态，从温润，想到善良、忍耐和宽容；从透明，想到公开、清白和无私；从瑕疵，想到坦荡、忠诚和老实；从绿色，想到镇静、和平和希望；从"如切如磋，如琢如磨"，想到要大彻大悟、洗心革面、脱胎换骨……玉给你一种人生的感悟，给你一种做人的操守，给你一种修身的内涵，给你一种人格的魅力，给你一种前进的力量。而这一切，价值也是无限的。

总之，社会上说的"玉无价"，是文化内涵、历史沉淀、民族感情、国家意识的无价，在历史上，也曾有帝王对它论过价，哪是"价值连城"！

翡翠首饰文化：

首饰是一种古老的装饰工艺品。最原始的首饰，可以追溯到人类的石器时代，至今已有一万多年历史。今天的首饰，除对人体有装饰作用外，还有显示身份，保值的作用。由于首饰多采用恒久材质制作，一直成为后人考证历史的重要依据，是人类历史文明历程的见证。翡翠首饰，可分为头饰、颈饰、胸饰、腰饰、手饰和摆件。

头饰：发饰和耳饰

【发饰】

包括发钗、发簪、发夹和发套等。

①钗和簪，多为古代妇女所使用，现代妇女对发夹、发卡、发套应用比较广泛。

②发夹，有长方形、波浪形、椭圆形等。

③发套，有宽条和细条两种，既套发，又装饰。近来工艺制作比较讲究，为年轻女子所喜爱。

【耳饰】

耳饰的最初佩戴，可能出于一种医疗目的，因为夹戴耳饰的耳垂中央，恰好是眼部的穴位。佩戴耳饰对防止近视眼有作用。耳饰包括耳环、耳钉、耳钳、耳坠等，类型品种较多。

颈饰：挂件、项链、项珠和长命锁等

【挂件】

有佛、观音、龙凤佩、金蟾、蝉、舞瓠、生肖等。

● 佛：佛陀音译的简称，意译"觉者"。佛经说，凡是能"自觉""觉他""觉行圆满"者，皆名为"佛"。佛为佛教三世十方佛中最为人熟悉的佛陀之一。从五代以后都是笑面袒腹之状。

世俗流行女戴佛的意义是，身为女子，世事烦忧，愁肠百结，易老易逝。佛宽容、大度、乐观和向上的形象，佛的开怀、豁达、无忧和无烦的特点，正好可以帮助妇女化解愁绪、宽慰心肠、排忧除难、积极向上。

● 观音：在佛教中，佛是修行的最高品位，具有自觉、觉他和觉行圆满三个条件，菩萨缺最后一项，故品位次于佛，其职能是协助佛普度众生。相传观音曾经立下过誓言，要等普救完世上一切受苦受难的众生后才成佛。然而世间苦难无休无止，怎么也救不完。观音只好永远屈居于菩萨的地位了。

观音全称是"大慈大悲救苦救难观世音菩萨"，即慈悲的化身。如果信徒有难，呼

181

其名号，她就会前来搭救，使你解脱苦难。

❓为什么男要戴观音?

因为观音为慈悲救赎的化身，是真善美的代名词，作为男人，应该是一个完美无缺的人。戴观音，是祝愿、规劝和激励男人，立志做一个完美高尚的人，同时，观音尤性平和、善解人意，男人戴，可消弭暴戾、远离是非、避开祸端，至少不会搞家庭暴力。

● 龙凤配：龙是上帝的使者，代上天传命，龙凤可以互补：龙变化升腾有余，而祥和温柔不足；凤美善祥瑞独具，而威严至尊欠缺。如果两者携起手来，就是龙盘凤逸、龙凤呈祥了。

● 金蟾：古人把蝎子、蜈蚣、蜘蛛、蛇和金蟾同放在一个罐里让它们互咬、互吃、互斗，经过七七四十九天后，只剩下了金蟾。可见它毒性之大、本领之强。相生相克，善恶转化，蟾丑陋、有毒性，但不怕秽邪，能当药治病，甚至能助人升"仙"。月宫中的金蟾，成了月亮的代名词。

● 蝉：蝉的幼子，破土而出，飞向天空，自由自在，仙化缥缈。人将玉蝉放在死者口中，作为一种转世再生的象征，表达生者对死者灵魂如蝉蜕而升天的美好愿望。现代人佩戴蝉的雕件，也有一鸣天下的意思，是对年轻人美好的祝福。

● 貔貅：貔貅是龙的第九个儿子，龙生九子不像龙。貔貅相貌怪异：龙头、虎眼、鹿耳、獠牙、狮身、豹爪、龙鳞、凤尾。身子奇特：头大、眼突、嘴阔、牙尖、肚肥、臀部大，没屁眼儿。天生我才必有用，头大，能想万种点子；眼突，能明察秋毫；嘴阔，能吃八方财气；牙尖，能咬断是非舌根；肚肥，能装万贯家财；臀大，能坐稳江山；没屁眼儿，只吃不拉、只进、不出、强体固本、唯我独尊、无与伦比。

貔貅没有屁眼儿，虽然不合常理，但是有文化意味：没有屁眼，丝毫不漏，小物质汇成大物质。精神也一样，勿以恶小而为之，勿以善小而不为；只吃不拉，不排不泄，连屁都不放一个，不污染环境，堪称环境保护的楷模；财不外露，全装肚里，不怕人偷，不设保安，不麻烦别人；没有屁眼，实得生数，否则胀死，比起不顾后果的大吃大喝，文明形象要高大得多。

貔貅摩诀：

摸到貔貅头，

吃穿不用愁；

摸到貔貅面，

前世修来富贵命；

摸到貔貅唇，

人丁兴旺福临门；

摸到貔貅嘴，

财源滚滚如山垒；

摸到貔貅胸，

家业兴旺路路通；

摸到貔貅背，

穿金戴玉显富贵；

摸到貔貅腰，

财运对你把手招；

摸到貔貅肚，

一生走的成功路。

●**十二生肖**：生肖又叫"属相"，古人体天察地的大智慧，为后人创造了一种生肖文化。

鼠：传说唐三藏取经时，有一部经书藏在如来书库里，是鼠帮助把经书偷出来。还有，原来天地一片混沌，鼠咬天开，立了大功；但鼠也有不是之处，伴睡牛头之上，投机取巧，抢了竞选的头名；猫鼠竞标，乘猫未到，谎称猫不参加，取代了猫的位置。从此，猫把鼠当死敌。

牛：鼠把天咬开后，辟地的事就交给了牛。耕地垦田，拉犁劳作，就成为牛的主要任务。古人把牛当神，传说牛与龙交配，生下了麒麟。

虎：虎为百兽之王，威武凶悍。画虎为神，贴在门上，就是借虎的力量来保佑人平安。

兔：传说天帝化装成一位肚饿的老人，考察狐、猿、兔。狐、猿找来食物，兔找来干柴。狐、猿献食物，兔焚身作食物。天帝为兔的献身精神所感动，就将其送入月宫。

龙：多种元素组合的原始图聘，反映了古代部落兼并的激烈而复杂的情况。人们视龙为神物，生伯龙种灭绝，后又创造了九种，成了"龙生九子不成龙"。成什么？全靠人们去想象了。

蛇：世俗称蛇为小龙，许多地方的民俗，将蛇叫小龙，龙叫大龙。蛇的本事大到可以吞象，还可以化装成美女。

马：马为六畜之首，拉车，坐骑，还是一种文化载休。马后来与龙相连，出现了"龙马河图""龙马精神"。

羊：羊致清和，三阳开泰，羊人为"美"，"羊"与"祥"通假，羊象征着"吉祥"。羊跪乳，是孝敬父母、不忘养育之恩的好教材。

猴：猴子变人，天地开辟，有猴的功劳。猴成为一种符号："马上封侯""封侯挂印""辈辈封侯"。

鸡：鸡有五德："头戴冠者文也，足傅距者武也，敌在前散斗者勇也，见食相呼者仁也，守时不失者信也"。文、武、勇、仁、信俱全。

狗：狗是司风之神，还是太白金星精。吠犬善守，看门守户，狗的最大优点是：不

嫌贫，忠诚老实。

猪：猪属亥，位居北，誉为"北斗星"。古人视猪为明神之物，大量用于祭祀，通过猪这种贡物与神灵进行对话。现在过年宰猪，除食用之外，还有着世俗沿袭的影子。

【项链】

项链，最早源于原始社会母系氏族向父系氏族转变时期的"抢婚"习俗。当时，男子的经济地位逐渐提高，常抢别的部落的妇女作为妻子。为防止被抢者逃走，胜利者往往用一根形似今日项链的金属链或绳子套住女性的脖子，那套脖的金属丝或绳子，慢慢地便演变成为今天的项链，意思是：舍不得你走，要牢牢将你留住。

项链一般由三部分组成：链子、搭扣和坠饰。链子是基础，是项链的主要部分；搭扣，用来连接链子的部件；坠饰，又称项坠，形状多种多样，款式也五花八门。

【项珠】

是项链中的一种，每串珠链由不等的翡翠珠子组成。珠子的形状可以是圆形、方形、菱形、椭圆形、圆柱形等。款式有：单串珠链、双套珠链、多套珠链。

【长命锁】

长命锁是我国的传统饰品，寓意是锁住生命，留住根。从古到今，多为儿童佩戴。

胸饰

胸饰，最早可能是作为一种宗教象征及护身符出现的。胸饰包括胸针、领带夹和腰饰。

● 胸针：由胸花、胸针座及胸针组成。

● 领带夹：男性饰物，款式变化相对较小，佩戴位置也相对固定。

【腰饰】

早期的腰饰主要是玉佩，现代腰饰，主要有女士装饰物和男士皮带扣一类。

手饰：包括手镯、手链和戒指等

● 手镯：手镯起源于新石器时代，战国时期叫钏，又名"臂钗""跳脱""跳脱"。到了明朝，才正式定名为手镯，清朝时期，手镯开始盛行。翡翠手镯也同时使用。手镯是东方女性最喜爱的饰物之一，款式多种多样，是妇女大众的日常消费品。

流行手镯，旧时条径多为圆形，现代手镯条径以半圆形为多。手镯是各种玉器制作中产量最大，用料最多的，被称为首饰"皇后"。

手镯种类：

圆镯：镯的直径相等，条径为圆形，条径的粗细与直径大小成比例。

扁镯：镯的直径相等，条径为扁形，即内圆被加工为平面，以便更宽的翡翠玉面接触手腕，佩戴起来更加贴合、舒服，更起保健作用。

臂镯：特大号圈口，内径最小也得在65mm以上；一般手镯的标准口在54~57mm左右。

贵妃镯：镯的内径不等，即一边宽一边窄，为椭圆形式样。贵妃镯，取名于唐代美女杨贵妃的名字，属于近年来的一种流行款式，戴起来比较时髦，很受女士们青睐。

佩戴手镯有装饰、保健、保值、纪念和信用作用。

- 手链：由翡翠珠子串成，颗粒数目不等，按大、中、小而定，珠粒直径大小不一。翡翠珠链的价格，不能用珠粒的平均数来计算，例如一串由20粒直径9mm的珠子组成，其价格为2000元，这并不等于每一粒珠子的价格只是100元，一般都要以几何级数来计算，要400元、500元,甚至更高。个中原因，珠链的成本较大。贵金属（如18K金）镶嵌翡翠戒面的手链是目前市场流行的款式，具有更方便佩戴、款式多样、适合面更宽的特点。

- 戒指：现代青年男女以赠送戒指表达爱慕之情，这就是一种沿袭传统的做法。自古以来，人们喜欢温良恭俭让，讲究礼让谦和。认为有教养的人是善于管得住自己的手的人，戴上戒指，有警戒手指的意思，故曰"戒指"。翡翠戒指，多以清代的扳指形式进行改制。贵金属（如18K金）镶嵌翡翠戒面的戒指是目前市场主流，纯翡翠的戒指由于佩戴舒适性和款式少等原因，已经退出了市场主流。

戒指的佩戴有一个不成文的习俗：戴在食指上，表示要结婚；戴在中指上，表示正在恋爱中；戴在无名指上，表示已经订婚或结婚；戴在小指上，表示主张单身；大拇指一般不戴戒指，可佩戴扳指。

摆件

主要用于陈设，造型有鼎、瓶、炉、壶、如意、花插、挂屏、人物、瑙兽、山子等。其作用是镇宅、辟邪、玩赏和保值。

首饰颜色、形状的象征意义

【颜色】

红色：象征健康、活力、热情和勇敢。佩戴红色首饰，使人感到热烈、喜庆和充满活力。

黄色：象征光明、愉悦、温暖和期待。佩戴黄色首饰，给人以光辉、灿烂和希望的印象。

绿色：象征青春、活力、朝气和自然。佩戴绿色首饰，给人以清新、安宁与和平的感觉。

蓝色：象征博大、清新、宁静和幻想。佩戴蓝色首饰，给人以幽远、理智和高深的感觉。

紫色：象征高贵、典雅、华丽和神秘。佩戴紫色首饰,给人以优越、奢华和神秘的感觉。

白色：象征纯洁、光明、文雅和朴实。佩戴白色首饰,给人以纯净、圣洁和高雅的感觉。

橙色：象征活泼、喜悦、华美和成熟。佩戴橙色首饰,给人以成熟、神圣和艺术的感觉。

青色：象征坚强、庄重、含蓄和典雅。佩戴青色首饰，给人以典雅、刚强和稳健的感觉。

金色：象征光荣、华贵、辉煌和希望。佩戴金色首饰，给人以富足、优裕和成功的感觉。

黑色：象征静寂、严肃、庄重和高贵。佩戴黑色首饰，给人以稳重、高贵和神秘的感觉。

【形状】

方形：象征事业心强。

三角形：象征个性活泼。

圆形：象征温柔。

椭圆形：象征稳重成熟。

星形：象征充满幻想。

心形：象征爱情。

【生辰石】

一月：石榴石，象征友爱、忠实和贞洁。

二月：紫晶，象征诚实、忠心和善良。

三月：海蓝宝石，象征沉着、稳重和勇敢。

四月：钻石，象征天真、纯洁和诚信。

五月：翡翠、祖母绿，象征幸运、福分和永久。

六月：珍珠，象征富裕、健康和长寿。

七月：红宝石，象征热烈、喜庆和爱情。

八月：橄榄石，象征和谐、美满和幸福。

九月：蓝宝石，象征严谨、慈爱和高尚。

十月：欧泊，象征圆满、幸福和希望。

十一月：黄玉、黄水晶，象征坦诚、真挚和友爱。

十二月：青金石、绿松石，象征意志、信心和成功。

吉祥图案

所谓图案的吉祥，就是人们所说的"图个吉利"。用具体物象说明人的感觉意象，用人觉得美好的东西表达人的诉求、祈愿。吉祥图案，是一种活化石，是传统文化的组成部分。

【吉祥图案的表现手法】

（1）谐音借喻：利用读音与某一吉祥字、词的同音或近音，来表达吉祥用意。如："戟"谐音"吉"，"鱼"谐音"余"，"蝠"谐音"福"，"鹿"谐音"禄"，"菜"谐音"财"，"白菜"谐音"百财"等。

（2）比拟象征：利用拟人拟物的手法，将人比作美好事物，或将美好事物比作人，如：以梅、兰、竹、菊比喻人的高风亮节；以如意、百合、柿子组成"百事如意"。

（3）直接使用：将其具有吉祥意义的汉字变形或汇聚使用，如："福""富""寿""喜""百福图""百富图""百寿图""百喜图"等。近年还有人汇聚出"万福图"和"万寿图"。

（4）综合概括：把各种配制综合使用，如：将许多吉祥物的特征，综合在某一个物体上，将这种本来就神圣的吉祥物，表现得更加威严瞩目、合情合理、尽善尽美。

【吉祥图案】

● 鸿福类

百福图	天官赐福	福禄寿三星
多福多寿	双福	万福流云
五福捧寿	五福和合	平安五福自天来
多福多寿多男子	福在眼前	翘盼福音
纳福迎祥	福分无疆	三多九如
平安如意	新韶如意	吉祥如意
福寿如意	和合如意	事事如意
百事如意	万事如意	必定如意
连年有余	吉庆有余	年年有余
鲤鱼跳龙门	本固枝荣	华封三祝
福缘善庆	刘海撒钱	

翡翠基础知识

187

● 仕途类

平升三级	加官晋爵	加官受禄
封侯挂印	冠带传流	一甲一名
三元及第	连中三元	指日高升
喜得连科	一路荣华	一路连科
一品当朝	官居一品	喜报三元
尚书红杏	杏林春燕	带子上朝
海水江牙	水纹图	状元及第
独占鳌头	雁塔题名	翎顶辉煌
五子登科	二甲传胪	青云得路
云纹图	火纹图	官上加官

● 长寿类

百寿图	八仙庆寿	长生不老
八仙延寿	麻姑上寿	蟠桃献寿
群仙祝寿	芝仙祝寿	天仙拱寿
天仙寿芝	松鹤长春	延年益寿
代代寿仙	群芳祝寿	齐眉祝寿
状元祝寿	九龙祝寿	贵寿无疆
寿居耄耋	必得其寿	嵩山百寿
五岳图	东方朔捧桃	春光长寿
寿山福海	海屋添筹	群仙集庆
仙壶集庆	万寿长春	天地长春
天地长久	万代长春	长春白头
杞菊延年	松菊犹存	和合万年

● 吉祥类

百事大吉	年年大吉	室上大吉
全寿大吉	八吉祥	宝相花
岁岁平安	四季平安	竹报平安
马上平安	风调雨顺	天中集瑞
富贵万代	富贵万年	富贵长春
富贵姻缘	富贵平安	富贵耄耋
富贵寿考	玉树临风	玉堂富贵
荣华富贵	白头富贵	长命富贵
满堂富贵	神仙富贵	功名富贵

龙图	苍龙教子	龙生九子
蛟龙拱璧	一琴一鹤	凤凰图
龙凤呈祥	丹凤朝阳	四海升平
龟鹤齐龄	天平有象	太平世界
九重春色	三阳开泰	岁寒三友
君子之交	三清图	香花三元
一品清廉	伦序图	羲之爱鹅
同心之言	八骏马	十二生肖图
五瑞图	八宝图	太极图
八卦图	博古图	八音图

● 喜庆类

百喜图	家家得乐	喜相逢
举家欢乐	竹梅双喜	喜在眼前
喜上眉梢	喜报春光	欢天喜地
喜从天降	报喜图	安居乐业
和合二圣	同偕到老	鹤鹿同春
夫荣妻贵	九秋同春	六合同春
麟凤呈祥	麒麟送子	连生贵子
早生贵子	鸳鸯贵子	福增工贵子
宜子孙	宜男益寿	宜男多子
兰桂齐芳	寿献兰孙	早立字
子孙万代	教五子	榴开百子
瓜瓞绵绵	因何得耦	聪明伶俐
伶俐不如痴	金玉满堂	黄金万两
九世同堂	招财进宝	九阳同居
渔翁得利	太师少师	狮子滚绣球

● 吉祥图案的组配和寓意

年年有余：将两条鱼并列，或用鱼莲相伴。"鱼"与"余"同音，表示年年都有结余，生活富裕。

群仙祝寿：王母娘娘生日群仙祝寿图，又叫"群仙集庆"。民间把西王母当作长生不老的吉祥象征。

平安如意：用瓶、鹌鹑和如意组成。"瓶"与"平"同音，"鹌"与"安"同音，加上一个如意，即把意思表达完全。

福从天降：用一个娃娃抓到飞蝙蝠来表示。意为人所盼望的幸福吉祥，就要降临人间。

五福捧寿：用"寿"字周围有五只蝙蝠来表示。"蝠"与"福"谐音，五福："长命""富贵""健康""乐善好施""平和善终"。

福在眼前：用蝙蝠前面放古钱币表示。"蝠"与"福"同音，古钱钱币上有眼，即表示眼前。

翘盼福音：用一个儿童仰视蝙蝠飞来表示。"蝠"与"福"同音，福运、福音、福祉，仰视即翘首企盼。

和合如意：由盒子、荷花和如意组成。"盒"与"合"同音，"荷"与"和"同音。"合""和"是古代传说中的两位神仙，他们俩合在一起，是和谐的代表，是满意的象征。

万事如意：用万年青和如意来表示。万年青为多年生常绿植物，四季郁郁葱葱，让人赏心悦目，民间叫它"吉祥草"，作祝福、祈愿之用，万种祈愿都能够实现。

五子夺魁：用五个小孩争抢一个头盔来表示。五子夺魁，又叫"五子登科"，五个儿子都一起登科及第。

三元及第：用三个元宝垒在一起表示。"三元"形容多个名次，用以祝愿金榜题名，步步高升。

指日高升：用天官的手指向太阳来表示。指日，即指日可待，不久就能够升官发财。

马上封侯：用马、猴、蜂来表示。寓意很快就能够飞黄腾达。有的用猴在枫树上挂印，就是"封侯挂印"，所表示的意思相同。

一路荣华：用芙蓉花、鹭鸶来表示。"蓉"与"荣"同音，"花"与"华"谐音，"一只鹭"表示一路走来，一路荣华富贵。

独占鳌头：用仙鹤立于鳌背来表示。鹤在古代被称为"一品仙鹤"。鳌是海中大龟，古时考中状元，在接榜时要立于鳌头处。

青云得路：用风筝入云来表示。古人以云表示天，天不仅可以接纳仙人，还可以降雨滋润万物，因此称为"祥云"，放风筝还喻"春风得意"。

"平升三级"：用三只戟插入瓶中来表示。"戟"与"级"同音，"三"表示多，"瓶"与"平"同音，平安连升，祝颂官运亨通。

八仙庆寿：八仙是张果老、吕洞宾、韩湘子、何仙姑、铁拐李、汉钟离、曹国舅和蓝采和。由散仙组合而成，他们惩恶扬善，很受民间欢迎。

麻姑献寿：用麻姑腾云图来表示。麻姑既是天上仙女，又是人间的好帮手，只要让她祝过寿的人，没有不吉利的。

松鹤延年：由仙鹤和松树来表示。松为长青之树，终年郁郁葱葱；鹤为羽族之长，能活一千岁。松鹤延年，长寿的一种祈愿。

长生不老：用花生来表示。花生被称为"长生果"。花生根系相连，生机不断，果实累累。花生图案寓意益寿延年，长生不老。

福寿双全：用一只蝙蝠和一个寿桃来表示。蝙蝠动态优美，风度翩翩，"蝠"与"福"同音，有福有寿，福寿双全。

龟鹤齐龄：用一只乌龟和一只仙鹤来表示。相传龟、鹤是千岁动物，把两者相合，寓意长寿。

长命富贵：用长鸣的雄鸡和牡丹来表示。"鸣"与"命"谐音，"长鸣"即"长命"，牡丹是富贵之花，长生不老，大富大贵。

福至心灵：用蝙蝠、桃和灵芝来表示。此处的桃借形如心，"蝠"与"福"同音，借灵芝的"灵"字，寓意幸福聪明。

长命百岁：用长鸣的雄鸡加禾穗来表示。"鸣"与"命"谐音，"穗"与"岁"同音，长命百岁，喻人寿极高。

连生贵子：用荷花之中有一小孩来表示。荷花之果是莲子，"莲"与"连"同音，小孩喻贵子，连连得子，人丁兴旺。

早生贵子：用枣和桂圆来表示。"枣"与"早"同音，"桂"与"贵"同音，用以婚庆祝福早早生子。

金玉满堂：用数尾金鱼来表示。"金鱼"与"金玉"谐音，数尾表示多，即满堂之意。祝颂多多发财，富贵超人。

瓜瓞绵绵：瓞，小瓜，用一个或多个瓜表示。小瓜结在绵长的藤蔓上，小瓜长大以后，瓜肚里有一肚籽儿，象征人多子多孙、香火旺盛、代代相传、万世不绝。

麒麟送子：用麒麟上坐着一个小孩子来表示。麒麟是古代传说中的神奇动物，传说孔子出生之前，有麒麟就在他家中口吐玉书，说孔子是王侯将相的种子，将来一定会有大的作为。麒麟是一种祥瑞之兆。这里的小孩，表达新婚男女或久婚不育的家庭盼望得子的愿望。

送子观音：用观音像旁有几个小孩来表示。观音是成全之美的化身，图案表达人们祈盼得子的美好愿望。

喜上眉梢：用梅花枝头上有两只喜鹊来表示。"梅"谐音"眉"，喜鹊的"喜"代表喜事之喜。喜上眉梢，是指人遇到喜事时的喜悦表情。图案寓意喜事盈门，欢天喜地。

龙凤呈祥：用一龙和一凤来表示。古代传说，龙是伏羲和女娲形象用蛇的身子来表现，凤是百鸟之王，在古代被视为神鸟而备受崇拜。龙凤呈祥，多用于祝贺婚姻美满。

喜从天降：用蜘蛛从网上下坠来表示。古人把蜘蛛叫作"喜蛛"，会给人带来好运。据说，只要有蜘蛛来到家里，就会有喜事临门。蛛网在上，蛛下坠，即喜事从天而降。

欢天喜地：用喜鹊和獾来表示。喜鹊表"喜"，"獾"与"欢"同音，喜鹊在天上飞，有天运好合之意，獾的习性是喜欢掘地，有地气助人之意，两者结合，共同表达欢天喜地。

岁岁平安：用谷穗和一只鹌鹑来表示。"穗"与"岁"同音，"鹌"与"安"同音。岁岁即年年，年年岁岁，平平安安。有的将"岁岁"用四季来表示，又叫"四季平安"。

竹报平安：用竹和鹌鹑来表示。古代传说西山里有一种山鬼，常使人们生病。为了吓鬼驱邪，人们在火中燃竹使之爆炸，让山鬼逃遁。以后形成习俗，除夕和元旦，家家点燃爆竹，驱祸祟，保平安。"鹌"与"安"同音，竹报平安，寓意祸祟逃遁，人畜平安。

四海升平：用四个小孩共抬着一个瓶来表示。"孩"谐音"海"，"瓶"谐音"平"，四海，说明地域广大，无限宽广。升平，太平景致。四海升平，寓意祝愿天底下的人民都平安向上。这个吉祥图案的意境有了深化，它的寓意不限于个人、家庭、亲友，而是世界大同的普天之下。后来出现"普天同庆"的吉祥图案也就不足为怪了。

事事如意：用柿子和如意来表示。"柿"谐音"事"，古人说柿树有七德，柿树寿命长，树荫多，不生虫，叶红可观赏，结果可食用。"柿"还与"狮"谐音，狮为百兽之王，在古代视为法的维护者，在佛教中是文殊菩萨的坐骑，也是寺院的维护者。事事如意，所有的事都很美满。

年年大吉：用一条鲶鱼和一个大橘子来表示。"鲶"与"年"谐音，"橘"与"吉"谐音，鲶为鱼中之优，除食用之外，还可入药。年年大吉，寓意所有天时都是好日子。

富贵平安：用牡丹花和苹果来表示。牡丹花是富贵之花，"苹"与"平"同音。富贵平安，是人们对生活的一种祝愿。

龙生九子：龙生九子不成龙，各有所好，又各展其长。

老大叫囚牛，好音乐，刻在琴头上；

老二叫睚眦，喜欢斗杀，刻在刀柄上；

老三叫嘲风，好冒险，刻在殿堂檐角上；

老四叫蒲牢，好鸣叫，铭刻在鸣钟的上；

老五叫狻猊，好静坐，佛座的狮身就是其像；

老六叫霸下，喜欢负重，碑座兽头是它的塑像；

老七叫狴犴，喜欢诉讼，公堂门口狮身是其塑像；

老八叫负屃，平生好文，碑文两旁文龙即是其塑像；

老九叫螭吻，平生好吞，今殿脊上的兽头是它的相貌；

鹤鹿同春：用鹤、鹿与梧桐树来表示。鹤为羽族之长，俗称"一品鸟""长寿仙翁"，鹿为"长寿仙兽"，"桐"与"同"同音，梧桐是灵树。鹤鹿同春，祝颂健康长寿，永享天年。

喜在眼前：用一枚古钱摆在喜鹊面前来表示。喜鹊表示喜事和喜庆，古钱中间的洞喻"眼"，喜在眼前，表示喜事临门之意。

●动物和植物的吉祥含义

豹：古说"君子豹变"，比喻韬略风范。

狮：常立于官府权贵和财经机构的门前，比喻有财有势，威严势尊。

象：太平盛世的瑞应之物，象征富贵与地位。

鹿：帝王象征，"逐鹿中原"，"鹿死谁手"。鹿善群处，喻宾朋相聚。"鹿"与"禄"同音，比喻薪水多多。

兔：俗语称："蛇盘兔，必定富"蛇机灵，善敛财，兔温顺，善守财。蛇兔是开源节流、发家致富的"标配"。

鹤：古人认为，鹤能活1600年，叫"一品鸟"，比喻长寿。

鸳鸯：寓比翼双飞，万死不离。

鸭：鸭字偏旁是"甲"，"富甲天下"之意。

龟：喻长命百岁。

燕：春天的象征，比喻学业和事业开头好，有后望。

鹭鸶："鹭"与"路"同音，比喻一路连升，一路荣华。

麒麟：相传体为麇，黄颜色，头为狼头，尾为牛尾，足为马足，有触角。寓意状元及第。

菊：凌霜开放，比喻励志不衰。

梅：象征冰肌玉骨，花之清高，群芳领袖，颂祝吉祥高贵。

荷：君子之花，出淤泥而不染，比喻品德高尚。

葫芦：枝藤蔓蔓，籽儿多多，比喻家业兴旺，子孙满堂。

翡翠行业中的专业术语

术语中的"小""大""中"等指的是价格数字的开头。

"小"指的是1~3"中"指的是4~6，"大"指的是7~9，"三、四、五"等数字表示的是价格的位数，"三"指的是二位数，指百；"四"指的是四位数，也就是千；"五"指的是五位数，也就是万，以后的就以这个往后推就是了。

"小三""大四"和"大五"后面的数字代表什么呢？比如小三2开，中四六开等，组数后面的1~9表示这个区间的1~9对应的：小：1~3开中：4~6开大：7~9开大、中、小、必须按区间添加相应的数字，不能超过规定的范围。除了翡翠价格的术语之外，翡翠还有其他的术语，像是关于翡翠的质地和种类等，都是按着各自的特点来起名的。

【翡翠的质地】

指的是翡翠的结构细腻程度，常见的质地有玻璃地、冰地、水地、蛋清地、清水地、狗屎地等等。

【翡翠的瑕疵】

指的是翡翠中存在不完美之处，主要的瑕疵有棉、黑点、裂纹等。黑花：黑花翡翠中的黑色瑕疵，一般有点状、丝状和带状。烟丝：翡翠内部有像丝线一样的东西，一般是被杂质充填后的呈丝线一样的微裂隙，属于瑕疵。

【翡翠的水头】

水头指的是翡翠的透明程度，水足、长的翡翠是很好的，相反的水短、粗的就是不好的。

【翡翠的种水】

指的是翡翠质地和水头的一种综合体现，市场上的主流称呼有玻璃种、冰种、糯种、芙蓉种、豆种、马牙种等。有时候种的描绘中还加入了特征描述，比如金丝种就是指绿色如丝的翡翠。

【颜色】

翡翠的颜色评价是"浓、阳、正、均"就是颜色浓郁不偏色，均匀。翡翠的颜色很丰富，大概有绿色、紫色、黄色、红色和黑色几大类。

● 绿色：翡翠的主流颜色，也是最贵的颜色系，包含了阳绿、黄绿、蓝绿、豆绿、灰绿等。

● 紫罗兰：也叫作"春"，指的是翡翠的紫色，包含有蓝紫（茄紫、紫春）、红紫（红春）、粉紫等。紫色一般种水不好，业内有"十春九木"的说法。

● 红翡/黄翡：翡翠中红色的叫红翡，黄色的叫黄翡，也是很好的颜色。

● 黑色：黑色系列包含了墨翠和黑翡翠两个品种。

翡翠里面有一些因为颜色、种水表现特别而命名的翡翠系列：

● 油青：翡翠中偏灰色调的青绿、暗绿的料子，此种料子结构细腻，透明度较高，但是颜色整体偏灰。

● 墨翠：绿色浓郁到了近乎黑色的翡翠，此种翡翠的成分主要为绿辉石，质地非常细腻，透光看颜色为绿色，反光下看为黑色、近黑色。

● 干青：颜色鲜艳的绿色翡翠，多夹杂黑点，但料子很干，不透明或微透明的翡翠。

● 铁龙生：钠铬辉石翡翠，绿色浓郁，水头短，多加工为薄片。

● 乌鸡种：翡翠里面含石墨等矿物，导致翡翠成为黑色，透明度随杂质的多少而不同。

●**起光**：翡翠加工后因反射而形成的亮光，起光好表明透明度高、种水好。

●**杠（钢）味**：翡翠的一种综合表现，指能起光，表面玻璃光泽中带油润感的翡翠，表明翡翠质地非常细腻。

●**种老**：指翡翠的结构细腻，种水好的翡翠，种老的翡翠一般都是次生矿，是经过了自然洗礼的翡翠。

●**种嫩**：和种老相对，指结构较松散、透明度不佳的一些次生矿料和山料翡翠。

●**山料**：指从原生矿脉触开采的翡翠毛料，一般种水差一些，市场上的作假皮毛料多采用山料来做。

●**老坑**：指早期开采的翡翠矿场，都是次生矿床，多处于河谷地带。

●**新坑**：近期发现开发的翡翠矿床，有部分为次生矿床，大部分为原生矿床。

【圈内谚语】

●"黄金有价玉无价"

简单来说因为黄金可以根据行情用重量来计算价格，但你应该没听说过翡翠成品一克拉多少钱的吧？

翡翠的价值主要由种水色工综合再结合市场行情考虑，另外，不同品质的翡翠，价格相差何止千倍、百倍。再加上翡翠玉石自古就属灵性之物，买它还讲缘分，所以它的价值更不可能想黄金一样按克来计算。

●"男戴观音女戴佛"

为什么男戴观音，女戴佛？"男戴观音女戴佛"实际上是民间的一种祈愿，一种民间的风俗。

因为翡翠是有灵性的，通常男子往往性格较为暴躁，而汉传佛教的观音菩萨都是女身，是慈悲柔和的象征，"男戴观音"则是希望男子能够柔和。"女戴佛"，"女戴佛"的"佛"指弥勒菩萨。因为古人认为女人比较小心眼，而大肚弥勒菩萨的造型像是笑脸大肚，寓意快乐有度量，因此"女戴佛"则是希望女人能够多一些平心静气，豁达心胸。

●"神仙难断寸玉"

这主要用在看翡翠毛料，"一刀穷一刀富"，即使是行家也很难判断毛料里面翡翠的好坏，尤其是一些没有切开的蒙头料，神仙都帮不了你啊！但从外壳是很难判断，再有经验的老师都不能一看一准，现在很多行家都买切开的，虽然是切开的依然有风险！

翡翠基础知识

● "宁买一条线，不买一大片"

"宁买一条线，不买一大片"主要是指买翡翠原料，翡翠毛料中绿色在表面的情况，行家就叫"表现"，这种"表现"有呈线条的，有呈一大片的。一大片的看起来翠色很多，可没有翠根，感觉就像漂浮在上面一样，行话叫"膏药色"，顾名思义，颜色

就像膏药一样，只有表面一小层，买者必亏。对于一条线的情况，最典型的"表现"是"金线吊葫芦"，就是一条绿线下面可能会有一大团绿色，像一根线拴着一个葫芦一样，遇到此种情况基本就是大涨了。也就是说一条线的绿色有力量，有力量才能深入到翡翠内部，只有深入内部的原料才有上涨的机会。所以才有了"宁买一条线，不买一大片"的说法。

● "龙到处有水"

这里所谓的"龙"是指翡翠中的绿色，也就是行家们所说的色根。龙到处有水也就是说翡翠中出现"色根"的部位质地种水都好，色根就像天上的白云一样浮现在翡翠中，即使是质地很差的翡翠，如果出现色根的一般种质都不会太差。

● "行家不买赌料"

旧时买料，基本很多都是买蒙头料，一些行家慢慢会发现，买蒙头料切开能上涨的机会实在少之又少，很多行家都买明料；有一些人完全是为了寻求赌石的刺激，就像买彩票一样，明知道中奖概率很小，可是还是有很多人要去买去赌一把。

● "无绺不做花"

《礼记》云："大圭不琢，美其质也。"圭是古代用于祭祀的一种玉器，在祭祀中由王侯手执。本人从酷爱翡翠等玉石，长期的观察经验告诉我，真正好的材质的翡翠恰恰采用"素"的方式雕琢。对于收藏者来说，最好就是选择越简单的翡翠成品越好，即使有点小瑕疵，"十玉九裂"，翡翠矿石在长期的生成过程中受到外力挤压，存在裂纹是正常不过的现象。反倒是那种看上去很完美，雕刻还很复杂的翡翠就要注意了，很多大师为了掩盖翡翠的纹裂通常就会选择雕刻的办法。

● "灯下不观色"

现在很多人但凡有点经验的，在买翡翠的时候都会关注处在一个怎样的光源下，在很多珠宝店里看翡翠和自然光下是完全不一样的，有的差别特别大，所以在挑选带色翡翠的时候一定要拿到自然光下对比一下。简单的理解就比如在淘宝上买衣服有色差一样的道理。

● "冷眼观炝绿"

所谓的"炝绿"就是染绿色翡翠，也就是C货翡翠。大家都知道翡翠以绿为贵，所以很多黑心商家就把白杆翡翠染成绿色，颜色鲜艳，身价上涨，但是与同样颜色的A货

翡翠相比，价值要便宜很多，这就要提醒很多新手在买翡翠的时候，不要一眼看着颜色很漂亮，价格也合适就想掏钱买了，一定要"冷眼"，也可以理解为淡定，沉住气，再静下心想想，自己缺乏经验是否该请教一下别人，假如是假货怎么办？

● "捡漏必打眼"

"捡漏"就是指用低于市场平均价格买到价值不菲的收藏品，"打眼"是指没看准东西被人蒙了。很多文玩收藏者有捡漏的思想是很正常的，但是专业人士都知道，想真正捡漏的概率是很小的，很多商家就是利用消费者那种"买回去也没用，价格还不便宜"的心理，就打着低价出售，让你有捡漏、占到便宜的心理，然后就会考虑购买，就美其名曰专门给你优惠的，在交谈中很多人，包括行家一不小心都会被"打眼"。

● "内行看种，外行看色"

这句话的意思就是说，翡翠，对于外行人主要注重的是它的颜色，而内行一般就注重种水，因为种水是翡翠独特魅力的基础，有了好的种水才会具备翡翠的灵性。一般看一个人佩戴的翡翠就知道他属于什么地位，或者懂不懂翡翠。

翡翠基础知识